모세를 만나다

하나님의 사람, 소통과 공감의 지도자

© Marc Chagall / ADAGP, Paris - SACK, Seoul, 2012 Chagall®
〈저작권 안내문〉

이 서적내에 사용된 일부 작품은 SACK를 통해 ADAGP와 저작권 계약을 맺은 것입니다.
저작권법에 의하여 한국 내에서 보호를 받는 저작물이므로 무단 전재 및 복제를 금합니다.

모세를 만나다

저 자 김진명

초판1쇄 찍은날 2012년 9월 7일
초판1쇄 펴낸날 2012년 9월 15일

펴낸이 조석행
디자인 차순주
펴낸곳 예영B&P

등록번호 가제 제 17-217호(1998. 9. 24)

주 소 130-844 서울시 동대문구 장안1동 431-4 411호
T.02)2249-2506 F.02)2249-2508

총 판 예영커뮤니케이션
T.02)766-7912 F.02)766-8934

ISBN 978-89-90397-43-0 (03230)

값 15,000원

■ 잘못 만들어진 책은 교환해 드립니다.

모세를 만나다

하나님의 사람, 소통과 공감의 지도자

김진명 지음

예영 B&P

모세를 만나다

석고소묘를 할 때 빛의 방향과 각도와 양에 따라 그림의 느낌은 달라진다. 한 때 인상파 화가들은 시시각각 변하는 빛과 색채의 아름다움을 그림에 담아내려 시도하기도 했다. 화가들의 작품 가운데 그려진 모세를 바라볼 때 드는 느낌들도 그러하다. 예술가들은 자신의 시대에 훈련받은 방법을 가지고 동일한 성경 속의 인물 모세를 그렸다. 하지만 각각의 모세를 보면서 받게 되는 느낌들은 다르다. 그림들만이 아니다. 마치 신약의 사복음서에서 동일한 사건들을 조금씩 다르게 서술했던 것처럼, 누가 어느 때에 모세를 보았는가에 따라 그에 대한 평가가 달라지기도 한다. 예를 들어, 초대교회의 스데반 집사는 모세가 말과 일에 능했다고 보았지만(행 7:22), 정작 모세 자신은 스스로 입이 뻣뻣하고 혀가 둔한 사람이라고 토로하였다(출 4:10).

모세에 대한 관심은 지도자와 지도력에 대한 물음에서 시작되었다. 사회 각계각층의 지도자로 자처 하는 이들로부터 예상 밖의 모습들을 보게 될 때마다 우리는 실망하고 좌절하지만 그렇다고 참된 지도자에 대한 희망을 포기할 수도 없다. 왜냐하면 우리의 현실은 허상이 아니라 공동체에 속한 모두가 구체적인 삶으로 감내해야만 하는 실재이기 때문이다. 마음이 어수선해질 때마다 우두커니 앉아 구약의 한 지도자 모세의 얼굴을 마음속으로 그려보았다. 그리고 화가들이 상상하며 그림으로 그려왔던 모세의 모습을 찾아보면서 혼자만의 신학적인 독백을 글로 기록하였다. 이 책은 화가들과 조각가들에 의해 표현된 모세의 다양한 모습들을 마주하며 그들이 나름대로 해석한 모세에 필자가 알아왔던 모세를 비추어 보면서 써내려간 글들을 모은 결과물이다.

여기에 묶은 글들 가운데 일부는 '목회와 신학' 2012년 1월에서 7월까지 '그림으로 보는 모세' 라는 제목으로 연재되었다. 모세를 통한 이 만남은 과거의 예술가들과 성경의 만남이었으며, 그림과 조각을 통한 신학과 예술과의 만남이며, 오늘 우리와 다음 세대의 지도자들과의 만남을 위한 준비를 의미하는 것이다. 1부 '하나님과 사람 사이에 서다' 는 이 작업을 시작할 때 처음 만나게 되었던 미켈란젤로와 렘브란트와 샤갈의 작품 속 모세에 관한 글들로 이루어져 있다. 모세는 지도자로서 하나님의 부르심에 응답하여 스스로를 하나님의 뜻에 내어맡김으로 순종하였으며, 그 가슴 속에 늘 하나님으로부터 맡겨진 사람들에 대한 사랑을 품고 살았던 사람이었다.

2부 '소명의 길을 걷다'와 3부 '하나님의 사람, 소통과 공감의 지도자'는 모세의 출생과 성장, 전 생애에 걸쳐 전개된 사건들과 그의 죽음과 신약의 변화산 사건까지 여러 화가들이 묘사한 성경의 장면들을 따라가면서 그 속에 나타난 사건과 말씀과 그 신학적인 의미들을 정리한 내용이다. 그에게 나타났던 지도력의 내용은 소명에 대한 순종과 공정한 판단이며, 이는 세대와 문화를 뛰어넘어 그가 마주했던 모든 이들과 공감하고 대화로 소통하였던 삶의 발자취에 고스란히 남아 있었다.

모세와의 만남은 성경과 과거 예술가들과의 만남으로 이어져, 머릿속에서만 맴돌던 신학적인 묵상들을 구체적인 글로 정리하는 계기가 되었다. 미미한 독백으로 시작된 이 글들을 통하여 우리 주 예수 그리스도를 믿는 신앙의 진리를 지키며 세상 곳곳에서 묵묵히 주어진 삶을 충실하게 살아가는 좋은 사람들과 만나고 대화하는 길들이 서로서로에게 연결되어 갈 수 있기를 기대한다. 좋은 만남은 누군가의 인생에서 하나의 전환점으로 이어질 수 있기 때문이다.

이 단편적인 글들을 책으로 묶어 이제 세상에 나올 수 있도록 애써주신 '예영 B&P'의 조석행 사장님과 차순주 실장님께 감사드린다.

2012년 가을의 문턱에서
김 진 명

목차

모세의 얼굴_ 11

1부 하나님과 사람 사이에 서다_ 23
하나님의 손길에 따라 춤추듯 날아갈 듯_ 25
하늘의 소명 앞에 자신을 내던진 모세_ 37
기다림과 열정으로 묘사된 모세의 사랑_ 49

2부 소명의 길을 걷다_ 61
하나님의 손에 맡겨진 사람_ 63
인간의 무능을 하나님의 전능으로 바꾼 모세_ 76
자연과 사건들 속에서 의미와 뜻을 읽어낸 모세_ 90
함께 걸어가는 길_ 104

3부 하나님의 사람, 소통과 공감의 지도자_ 117
사랑의 눈으로 세상을 바라보다_ 119
미완의 사역을 하나님 앞에 내려놓은 모세_ 130
모세와 엘리야와 예수 그리스도_ 142

소통과 공감의 지도력_ 155
각주 · 참고자료_ 163

모세의 얼굴

모세의 얼굴

귀스타브 모로(Gustave Moreau), 《약속의 땅이 보이는 곳에서의 모세 두상 습작》 (Etude de tête pour Moïse en vue de la terre promise), 19세기, 소묘, 33.5×24.5cm, 귀스타브 모로 미술관.

"모세는 자기가 여호와와 말하였음으로 말미암아
얼굴 피부에 광채가 나나 깨닫지 못하였더라"
(출 34:29)

감추어진 얼굴

'얼굴'을 표현하는 히브리어 〈파네〉는 항상 〈파님〉이라는 복수형으로 나타난다. 사람의 얼굴이 담고 있는 그 다양함을 표현한 적절한 낱말이라고 할 수 있다. 사람의 얼굴은 하나이지만, 그 얼굴은 그 사람의 '인상'(印象)이 되고, 인상은 한 얼굴이 담고 있는 많은 사연을 소리 없는 언어로 전달하기도 한다. 구약에 따르면 모세의 얼굴은 어느 순간부터 빛 속에 감추어졌다.

그 후로 사람들은 그의 얼굴을 제대로 볼 수 없게 되었고(출 34:29-35), 하나님과 친구처럼 대화를 나누기도 했던 이 특별한 지도자는 그렇게 신비 속에 감추어진 채로 생을 살았으며, 자신의 소명과 삶을 마무리했다. 귀스타브 모로(Gustave Moreau)는 〈약속의 땅이 보이는 곳에서의 모세 두상 습작〉이라는 소묘 작품을 통해 그가 상상한 모세의 얼굴을 우리에게 보여주려는 시도를 하였다. 그의 그림 속 모세는 자신이 들어갈 수 없는 약속의 땅을 응시하며, 많은 생각에 잠긴 노인의 얼굴로 그려졌다. 이 얼굴 그림의 제목으로 누구의 이름을 가져다 붙여 놓아도 될 만큼 그렇게 평범한 한 노인의 얼굴을 하고 있다.

화가는 왜 그렇게 모세의 얼굴을 표현했을까? 혹시 그의 얼굴 속에서 평범한 일상을 살아가는 우리 자신의 모습을 발견하게 하려는 의도는 아니었을까? 그래서 모든 이들의 평범함이 하나님의 손 안에서 위대함이 될 수 있음을 말하려 했던 것은 아니었을까?... 여러 질문들이 꼬리에 꼬리를 문다. 어찌되었든 그의 그림을 통해 우리는 모세의 얼굴을 상상하는데 도움을 받을 수 있다. 하지만 이 지도자의 실제 얼굴을 보고 싶다. 이는 단순히 그의 얼굴 생김새를 보고 싶은 바램이 아니라 과연 지도자는 어떤 사람일까라는 물음과 그가 가졌던 지도력은 도대체 무엇이었을까라는 물음의 답을 찾고자 하는 열망의 다른 표현이기도 하다. 왜냐하면 이 시대에 존경할만한 지도력을 갖춘 어른들의 얼굴을 잘 볼 수 없다는 현실의 갈증이 우리에게 있기 때문이다.

이제 모세의 이야기 속으로 들어가 그를 통해 과거의 죽은 모세가 아니라 살아 있는 지도자의 모습을 보고, 그에게 부여되었던 지도력의 면면을 보려고 한다. 모세의 생애는 마치 누군가에 의해 재단되고, 미리 짜놓은 각본에 맞추어진 것처럼 40년을 한 주기로 세 차례 반복된 구조를 이루고 있다. 이집트에서의 40년과 미디안 광야에서의 40년과 출애굽 사건 이후 광야 40년 시기를 지낸 후에 모세는 세상을 떠났으나, 그의 무덤을 본 사람은 아무도 없다고 전해지고 있다(신 34:6).

구약의 역사 가운데 가장 위대한 인물로 평가되는 이 사람의 위상은 유대교 문헌들 가운데 많은 부분이 그의 이름과 권위에 의존하고 있음을 보아도 짐작하고 남음이 있으며, 구약의 첫 책인 창세기를 위대한 인물의 우주적 탄생 배경으로 보고, 이어진 출애굽기와 레위기와 민수기와 신명기를 합하여 모세의 생애를 기록한 한권의 전기문으로 읽을 것을 제안하는 해석을 보아도 그러하다.[1] 모세는 히브리 노예로 태어나 이집트 파라오의 궁전에서 교육을 받으며 자라났고, 미디안 제사장 이드로의 사위가 되어 가축을 치며 살았으며, 히브리 노예 해방의 지도자로서 이스라엘 민족 공동체 탄생의 새로운 역사를 이끌었던 인물이다. 그의 생애를 통하여 나타난 다양한 업적들을 살펴보면, 그는 적어도 이집트와 미디안과 이스라엘의 세 가지 문화적인 배경 가운데서 성장한 사람이었으며, 정치와 경제와 군사와 종교와 문학에 관한 조예를 가진 사람이었음을 인정할 수밖에 없다. 그의 작품들은 그가 가졌던 관심분야가 다양했을 뿐만 아니라, 각 분야에 관하여 할 말도 많았다는 인상을 갖게 한다. 그는 한 때 히브리 노예와 이집트 사람 사이에서 정의를 세우고자 했던, 혈기 왕성하고 자신감 넘치는 청년 지도자의 위상을 보이기도 했으나, 오랜 세월이 지난 후에 다시 나타난 그의 모습은 지루한 일상 가운데 일어난 신기한 불에 관심을 집중하는 지극히 평범하고, 소심한 늙은이로 나타났다.

굴곡진 생애의 경험들과 다양한 인상들

그의 생애 속 사건과 경험들 하나하나는 너무도 굴곡과 변화가 심하여 따로 볼 때에는 마치 흩어져 있는 퍼즐 조각들처럼 난해하게 느껴지는 구석들이 많다. 모세는 다양한 생의 경험을 한 사람이었으며, 그의 수많은 경험들은 그의 얼굴에 여러 가지 인상으로 각인되었을 수 있다. 모세에 관한 이야기를 처음 수록한 출애굽기에서는 하나님이 사람들에게 먼저 찾아와 이스라엘 자손들의 하나님이 되었고, 이스라엘 사람들은 하나님의 백성이 되었으며, 하나님과 이스라엘 사람들 사이에는 늘 모세가 서있었다고 말한다. 모세는 하나님과 직접 대면해서 대화를 나누었던 유일무이한 사람이었으며, 그에 의해 출애굽과 광야시대의 성소였던 '회막'의 건설도 이루어졌다.

모세는 시내산 율법을 하나님께로부터 받은 자이며, 성막의 건설자이기도 했다. '회막'의 완성은 사람들의 입장에서 보았을 때, 하나님의 임재하심의 상징적인 의미를 갖는 사건이었다. 시각을 달리해 하나님의 입장에서 보면, 이 일은 창조주이며 전능하신 '하나님'이 스스로를 제한하시고, 질적으로 다른 '사람'의 공동체에서 그들과 더불어 살아가겠다는 결단의 증거였다. 신약에서는 예수 그리스도의 사건을 하나님의 '성육신'(incarnation) 사건의 의미로 해석하였으며, 예수의 다른 이름이 '임마누엘'이었다고 말한다. 이 말은 히브리어로 '하나님이 우리와 함께 하신다'라는 뜻을 가지고 있다. 하나님의 '스스로 낮아지심'과 '겸허'의 사건으로 해석되는 이 일에 버금가는 구약적인 사건이 '회막'의 건설일 수 있겠다는 생각을 해보았다.

 하나님께서 스스로 눈높이를 낮추시고, 사람들과 대화하시는 시도가 없었다면 구약의 역사는 존재할 수 없다. '회막'은 하나님과 이스라엘 자손들이 제사를 통해 만나고 소통하는 장소이면서 동시에 모세의 '삶의 자리'이기도 했다. 시내산에서 하나님을 만났던 모세는, 회막이 건설된 이후에 그곳에서 하나님과 소통하였다. 이 모든 과정에서 하나님은 모세를 먼저 부르시고, 그와 먼저 대화하셨다. 그리고 그를 통해 모든 사람들과 대화의 길을 열어가셨다. 그 길은 '토라'(율법)의 길이었으며, 하나님의 말씀과 사람의 이야기를 통한 길이었다. 그에게 있어서 해방된 이스라엘 민족과 함께 들어가고자 했던 약속의 땅 가나안은 그의 소명과 꿈과 인생의 의미였다. 하지만 그는 가나안 땅에 들어가지 못했다.

 새로 탄생하는 하나의 민족 공동체 '이스라엘' 가운데 그는 최고의 권력자였으나, 그는 왕이 되지 못했다. 광야에서의 40년이 그의 사명을 수행하는 마지막 시기였기에, 물질적인 부를 누리는 것도 상상조차 할 수 없는 일이었다. 황량한 광야에서 나그네 같은 삶을 살았던 그에게 모든 소유물은 거추장스러운 짐이 될 뿐이었다. 호렙산에서 하나님을 처음 만날 때에 그의 손에는 지팡이 하나뿐이었으며, 생의 마지막 순간에도 그는 홀로 비스가산 꼭대기에 올라 하나님을 대면하며 죽음을 맞이하였다. 객관적으로 볼 때, 그의 생애 동안 그는 아무것도 소유하지 못하였고, 아무것도 성취하지 못하였고, 아무것도 누리지 못한 채로 그의 이야기는 끝난 것처럼 보인다.

하나님과 사람 사이에서

그러나 구약 성경은 이런 삶을 살았던 그를 일컬어 '하나님의 사람'이라고 말한다. 모세는 하나님과 사람 사이에 서서 때로는 무기력한 모습으로, 때로는 강인한 투사의 모습으로, 때로는 노여움에 분을 참지 못하는 한 인간의 모습으로, 때로는 목숨을 걸고 하나님 앞에서 이스라엘을 위해 변론하는 중재자로 서 있었다. 그는 평범한 한 사람처럼 하나님과 사람 사이에 서있었지만, 그는 사람과 소통하고 하나님과 대화하는 '소통'의 사람으로서 제 자리를 지킨 사람이었다. 모세가 누구이며, 어떤 지도자였는가를 이해하는 것은 구약을 이해하는 실마리가 될 수 있으며, 구약의 이해는 유대교와 이슬람과 기독교의 종교적인 이해와 중동과 서양 문명의 근본에 대한 문화적 이해의 단초를 제공할 수 있다.

많은 사람들이 구약의 모세 이야기를 읽으며 영감을 얻었고, 어떤 이는 그를 조각상으로 표현하였으며, 어떤 이들은 그림으로 그리기도 하였다. 각자의 작품들 속에서 해석된 모세의 얼굴과 모습은 참으로 다양한 모습을 사람들 앞에 드러내 주었다. 여기서는 고대부터 현대에 이르기까지 오랜 세월 동안 이루어져왔던 여러 예술가들의 작품을 통해 그들이 해석하고 표현했던 모세의 얼굴과 모습을 살펴보며, 한 사람의 지도자를 만나는 작업을 시도하려고 한다. 지도자는 자기를 위해 사는 사람이 아니라 자신을 부인하고, 자신의 소명을 인식하며, 모두와 대화하며 살아갈 수 있는 사람이다. 하나님이 사람을 사랑하고 돌보듯이 사람을 향한 사랑의 마음을 품고 살아가는 사람이기도 하다.

근본적으로는 사랑의 능력 안에서 지도자의 강함과 부드러움도 있을 수 있으며, 해석의 능력도 이를 통하여 나타날 수 있다. 모세는 이 사실들을 말로만이 아니라 삶으로 보여주었다. 그의 얼굴이 광채에 가려 있었고 그래서 볼 수 없었다면, 이제 프리즘을 통해 그의 얼굴을 바라보면 어떨까라는 생각을 해보았다. 그 프리즘은 예술가들의 미학적 '시각'이라는 공통분모이며, 그 색체의 스펙트럼 가운데 보이는 모세의 얼굴들은 여러 예술가들의 '작품'에 해당한다.[2] 이 글은 그 스펙트럼 위에 다양한 색채로 나타난 '모세 얼굴'의 신학적인 스케치 혹은 소묘이다.

이 책에서 그려보는 모세의 얼굴은 나다나엘 호손(N. Hawthorne)의 '큰 바위 얼굴'처럼, 아직도 희망을 잃지 않고 좋은 지도자들을 기다리며, 일상을 살아가는 평범한 사람들에게 오늘의 시대에 필요한 지도자의 얼굴을 보여줄 수 있을 것이다.

1부
하나님과 사람 사이에 서다

하나님의 손길에 따라 춤추듯 날아갈 듯

샤갈(Marc Chagall) 〈십계명 두 돌 판을 받는 모세〉 (Moïse recevant les Tables de la Loi), 1960-1966, oil on canvas, 238×234(cm), Musée national Message Biblique Marc Chagall, Nice.

부드러운 생명력

부드러움, 따뜻함, 동화, 환상... 샤갈(Marc Chagall, 1887-1985)의 그림을 마주대할 때 떠오르는 느낌들이다. 샤갈의 모세는 렘브란트의 모세에게서 느낄 수 있는 실제적인 인물의 모습도, 미켈란젤로의 모세에게서 나타났던 위대하고 강인한 영웅의 이미지도 보여주지 않는다. 그의 그림 속에서 모세는 날아갈 듯 혹은 춤을 추는 듯한 형상으로 그려졌다. 샤갈은 그의 그림이 고향에 대한 추억을 반영하며, 그의 영원한 연인이었던 아내 벨라를 향한 사랑을 표현하였으며, 성경으로부터의 영감을 담고 있다고 종종 말하였다. 아마도 그의 그림에서 느껴지는 부드러움과 생명력과 환희는 그의 추억과 사랑과 영감의 열매일 것이다.

〈십계명 두 돌 판을 받는 모세〉[3]는 배경이 된 노란 색이 주는 따뜻한 느낌이 아늑하고, 왼쪽 윗부분의 서로를 껴안은 채로 날아다니는 남성과 여성의 모습은 다정한 연인과 부부를 연상케 한다. 그 대각선 아래 오른쪽 방향의 천사는 두루마리를 들고 아기를 품에 안은 한 부부를 향해 날아가고 있으며, 그 위쪽의 악기를 연주하는 다윗 왕의 모습과 아래에 예레미야처럼 근심하고 있는 한 남성의 모습은 구약의 여러 이야기들을 이미지화 해놓은 장면들처럼 보인다. 오른쪽 아래의 보라색 옷을 입고 '메노라'라고 불리는 촛대를 들고 있는 사람은 제사장 아론의 모습이라고 알려져 있으며, 다시 대각선 왼쪽 위에 희미하게 그려진 집들은 화가 자신의 추억 속에 남아 있는 고향의 마을과 집들의 모습이 아닌가 싶다.

그림의 왼쪽 가운데 부분에는 출애굽기 32장에 나오는 이스라엘 자손들의 금송아지 우상 숭배의 사건이 그려져 있고, 그림의 중앙에는 그 사건 가운데 등장하는 모세의 모습이 매우 색다르게 묘사되어 있다. 날아갈듯이 혹은 춤을 추듯이 십계명의 서판들을 받고 있는 모세는 마치 무릎을 꿇고 있다가 일어나는 듯한 모습으로 그려져 있다. 현재의 발 모양과 몸의 각도로 보아서 모세는 이 그림 속에서 더 이상 서 있을 수 없는 자세를 취하고 있다. 지상에 발을 딛고는 있지만 하나님과 십계명 서판을 사이에 놓고 맞닿아 있는 하나님의 손을 의지하지 않고서는 모세는 더 이상 서 있을 수 없다. 몸의 균형과 무게 중심은 그의 발에도, 몸에도 있지 않고, 이미 십계명을 받는 손으로 이동해 가 있다.

그의 의지도, 그의 계산도, 그의 주장도 그에게는 더 이상

의미가 없다. 하나님의 손길에 따라 춤을 출 수도 있고, 하늘을 날아오를 수도 있는 모세의 모습은 '부드러움'을 이야기하고 있다. 춤은 신체를 통해 표현할 수 있는 부드러움과 생명력의 언어이며, 기쁨과 슬픔과 모든 감정을 몸으로 그려내는 소리 없는 언어이다. 샤갈도 이 모든 것을 소리 없는 시와 언어인 그림으로 표현하였다. 하지만 샤갈의 생애를 되돌아보면, 그의 삶의 환경이 그렇게 순탄치만은 않았음을 알 수 있다. 러시아에서 태어나 가난하게 자라난 그는 러시아 혁명을 겪었고, 유럽으로 피신한 이후에 1, 2차 세계대전과 유대인 학살의 역사를 경험했다. 한 때 미국으로 건너가 살았던 그는 다시 프랑스로 돌아와 프랑스인으로 귀화하였고, 그곳에서 생을 마쳤다.

샤갈이 유년시절을 보낸 러시아의 작은 마을 비테프스크는 가난하고 우울한 유대인 집단 거주지였으나, 그의 그림 속에서 그의 고향은 언제나 서정적이고 평화롭기만 하다. 그는 자신의 사랑하는 아내 벨라를 꼭 껴안고 비상하는 모습으로 자신과 아내를 자신의 그림에 묘사했으며, 하늘을 나는 이 연인의 모습은 자신의 생애 동안 여러 나라를 부유했던 화가의 실재 삶을 의미하는 것으로 해석되기도 하고, 사랑으로 모든 것을 초월했던 그의 정신세계를 반영한 것으로 해석되기도 한다. 샤갈의 환경은 어쩌면 아름다움과는 거리가 멀 수 있었을지 모른다. 하지만 그는 고향과 아내와 성경에 대한 사랑으로 모든 것을 승화하고, 지금 이 시대에 우리의 눈앞에 펼쳐진 그의 작품들을 남겨주었다.

그의 그림에서는 꿈과 상상이 묻어나며, 사랑과 따뜻함이 가득한 채로 보는 이들에게 깊은 영감을 불러일으키는 부드러운 힘을 느낄 수 있다. 가난과 고통의 경험이 독이 된 사람은 그 환경을 넘어서지 못하고, 마음이 굳어버리기도 한다. 그러나 그 모든 것을 극복한 사람에게서 우리는 여유와 관용과 마음의 부드러움을 느낄 수 있다. 샤갈은 그의 그림을 통하여 이것을 이야기 해주었고, 샤갈의 모세는 그 부드러움과 생명력을 춤추듯, 날아가듯 부드러움을 담은 모세의 모습으로 보여주었다.

그가 이 그림을 그렸던 60년대는 냉전시대의 차가움과 대립이 세계를 휩쓸고 있었던 시기였음을 회상해 볼 때, 이 시대에 샤갈의 모세가 이런 모습으로 등장했던 것은 시대의 아이러니처럼 느껴질 수도 있다. 모세만이 아니다. 혹자는 샤갈의 그림에서 십계명의 돌 판을 전달하는 하나님의 손도 그러한 부드러움을 상징하는 유아의 손으로 묘사되었다고 해석한다.

율법, 사랑의 결정체

하나님과 모세 사이의 중심에는 십계명의 서판이 놓여 있으며, 두개의 돌 판 위에 새겨졌던 이 십계명은 '율법'을 상징한다. 이 율법은 본래 히브리말로 "토라"였으며, 이는 딱딱하고 경직된 의미의 '법' 보다는 '교훈'이요, '가르침'이며, 오히려 '이야기'에 더 가까울 수 있는 폭넓은 뜻을 담은 낱말이었다. 이 율법의 목적은 사람들의 행복을 위한 것이라고 구약은 말하고 있다(신 6:24, 10:13). 이스라엘 사람만이 아니라, 그들과 함께 살아가는 타국인과 동물들과 식물들과 심지어 그 땅까지도 더불어 복되게 살아갈 수 있도록 하기 위한 하나님의 말씀과 가르침을 구약은 "토라"라고 말한다.

사람과 모든 피조물들이 마치 함께 어울려 춤을 추듯이 살아갈 수 있도록 하기 위한 것이 율법의 처음 뜻이었다. 율법의 본래 의도는 경직됨과 완고함이 아니라 부드러움이며, 죽음 대신 생명과 삶을 위한 것이었음을 모세오경의 곳곳에서 발견할 수 있다. 죄인을 처벌할 경우에도 사십까지는 때릴 수 있지만 그 이상을 넘기지 말아야 하는 것은 그 체벌로 인하여 사람이 비참해 질 수 있기 때문이다(신 25:3). 체벌이 도를 넘어서면 언제든지 사람의 인격을 파괴하는 폭력이 될 수 있음을 인식한 규정임을 알 수 있다. 삼 년째 되는 해의 십일조는 그 당시의 사회적 약자들을 지칭하는 "고아와 과부와 객"을 위한 것이 되어야 하며(신 14:28-29), 그들의 부르짖음을 하나님께서 듣고 계시기 때문에 그들을 해치거나 억울하게 해서는 안 된다(출 22:22-23).

땅을 경작하여도 칠 년째가 되면 그 땅을 쉬게 해주어야하고, 그 해의 모든 소산물은 종들과 거류민과 가축과 들짐승이 먹을 수 있도록 해주어야한다(레 25:4-7). 이러한 모든 규정들을 담고 있는 율법서의 목적은 천부적으로 주어진 생존의 기회는 저주가 아닌 축복이며, 하늘의 은총임을 알게 하려는 것이다. 생명력은 이 부드러움과 따뜻함과 사랑에서 일어나고 자연스럽게 번성할 수 있는 것이다. 그럼에도 불구하고 이스라엘 민족은 이 율법과 하나님의 말씀을 져버렸고, 예언자들의 경고를 무시한 채로 민족 공동체 전체가 멸망으로 치달았다. 열왕기하 17장에 기록된 북이스라엘의 멸망에 대한 역사 해석과 평가는 이미 레위기 18-20장에 기록되었던 경고의 내용들과 율법서에서 언급했던 심판의 내용들을 반영한다.

주전 722년의 북 왕국 이스라엘의 멸망과 주전 586년의 남 왕국 유다의 멸망 이후에 이스라엘 민족은 선지자 예레미야의 예언대로 약 70여 년간의 포로생활을 거쳐, 주전 538년경부터 몇 차례에 걸쳐 다시 고국으로 귀환하였다. 당시 페르시아 제국의 칙령에 따라 예루살렘으로 돌아왔던 유대인 귀환 공동체는, 제사장 에스라와 총독 느헤미야의 지도 하에 율법을 문자적으로 적용하고 지키는 유대주의 전통을 세워 나갔다. 멸망과 치욕의 역사를 다시는 되풀이하지 않기 위하여, 다윗과 솔로몬 시대의 영광을 회복하고, 포로생활에서 귀환하여 그들이 재건한 공동체의 생존을 위해 선택한 길은, 처음에 사람들의 생명과 행복을 위해서 모세가 그들의 조상에게 전해 주었던 율법의 길이었다. 그 시대 공동체 구성원들은 이러한 생각에 동의하고, 결단하며 그 길을 걸어갔다. 이 길이 자신들의 민족이 살 길이며, 심판과 멸망이 아닌 생명과 생존의 길이라고 믿었기 때문이다.

하지만 500여년의 세월이 지나 예수님 당시에 유대인들의 율법주의는 생명과 생존의 길과는 거리가 먼 외식과 형식주의의 화석화된 법이 되었다. 사람을 살리는 생명의 길이 아니라 무리한 규정들과 왜곡된 해석 전통으로 그 당시의 율법은 평범한 사람들까지 죄인으로 규정하며, 각 사람이 가지고 있는 생명력을 인위적인 전통과 규정들로 옥죄고 얽어매는 죽음의 법으로 변질되어 버렸다. 이렇게 왜곡되어버린 율법주의에 대해 예수님은 온 몸으로 저항하였다. 사람들이 인위적으로 덧붙여 놓은 세부 규정들과 무리한 해석의 결과로 본래의 생명력을 잃어버린 법은 예수님에게 죽은 율법이었다.

그 대신 예수님은 그 단단하게 굳어져 버리고 화석화된 껍질을 과감히 깨트렸을 때 드러나는 정신이 바로 하나님의 참뜻이라고 가르쳤다. 예수님은 그 당시의 율법주의 대신에 구약의 율법에 대한 재해석을 통해, 사람들에게 생명과 행복을 주기 위해 만들어졌던 율법의 본래 의미를 전달하려고 하였다. 예수님은 '사랑'의 계명을 선포하였고, 모든 율법이 하나님 사랑과 인간 사랑으로 요약될 수 있다고 가르쳤다. 그리고 마침내 십자가의 고난과 죽음과 부활을 통해 자신의 삶으로 이 가르침을 실천하고, 하나님께서 이 세상을 어떻게 사랑하셨는지를 증명하고, 하나님은 사랑이심을 선포하였다.

생명과 죽음

사랑과 생명의 특징은 부드러움과 따뜻함이며, 죽음의 특징은 단단함과 경직됨과 차가움이다. 구약에서는 사랑과 생명력의 반대편에 서 있는 경직됨과 완고함의 특징을 개인과 공동체에 임박한 심판과 죽음의 전조현상처럼 서술해 왔다. 예를 들어, 출애굽 당시에 하나님이 이집트 파라오의 마음을 완고하게 하였다고 표현하였다(출 7:3). 독자들은 파라오의 마음을 강퍅하게 하고, 이 때문에 그를 심판하는 하나님이 불공평하다고 생각하기도 한다. 하지만 이 본문에 관한 오해에서 벗어나기 위해서는 고대 이집트의 종교에 관한 이해가 필요하다. 그 당시 이집트의 종교는 파라오를 이집트의 신들 가운데 하나로 인식하였고, 파라오의 마음을 주관할 수 있는 이는 오직 파라오 자신뿐이라고 믿고 있었다.

그러나 구약은 사람은 사람일뿐이며, 신은 하나님 한 분 뿐이라고 선언한다(사 2:22, 렘 17:5). 그리고 하나님은 그러한 인간의 오만함과 미신을 여지없이 심판하신다. '파라오의 마음을 완고하게 하였다'는 표현을 통하여 구약은 사람의 마음을 움직일 수 있는 존재는 사람인 파라오가 아니라

신이신 하나님뿐임을 선언한 것이다. 결국 파라오의 완고함과 마음의 강퍅함은 이집트가 그 동안 저질러왔던 모든 죄악에 대한 심판의 도화선이 되었으며, 그 심판의 전조현상이 되었다. 이집트의 파라오를 묘사할 때 사용된 '완고함' 혹은 '강퍅함'의 히브리어는 굳음과 경직됨을 뜻하는 말이기도 하다. 의사소통이 이루어지지 않고, 자기 고집만을 주장하며, 다른 사람의 형편과 말에 귀 기울이지 못하며, 공감하거나 동감하지도 못한다. 더욱이 다른 이의 고통을 동정할 줄도 모른다.

그러한 개인과 공동체에게 남은 것은 하늘의 심판뿐임을 구약은 율법서를 통하여 말하고 있고, 예언서를 통하여 예고하였으며, 역사서를 통하여 그 실제 결과를 보여주었다. 구약의 이러한 교훈들은 과거의 죽은 이야기가 아니라 오늘의 우리 시대에도 그 살아 있는 의미를 충분히 간직한 가르침이 될 수 있다. 타인의 고통에 냉정하고, 사람의 소중함을 알려고 하지 않으며, 말이 통하지 않는 사람이나 공동체에게 기대할 수 있는 것은 하늘의 심판 밖에 남아 있지 않다는 사실이다. 그러나 모세는 그의 생애 속에서 하나님과 소통하였으며, 사람들과 소통하였다. 그의 지도력의 특징 가운데 하나는 하나님의 음성을 귀 기울여 듣고, 사람들의 목소리에 마음을 열고 대화할 줄 아는 소통과 부드러움의 카리스마이기도 했다(민 27, 34장).

샤갈의 그림에서 묘사된 부드러운 모세의 모습은 그의 마음과 생각의 유연함을 잘 나타내 주었으며, 이 모습은 화가 자신의 마음과 생각과 삶의 표현이기도 했을 것이라는 생각이 든다. 그리고 때로는 이런 생각이 들기도 한다. 자신의 목숨과 영혼을 걸고, 범죄한 이스라엘 민족을 위해 하나님께 기도를 올릴 만큼 백성을 사랑했던 그의 마음을(출 32:32), 춤추듯 혹은 날아갈 듯한 모습으로 묘사한 샤갈의 모세만큼 잘 표현해줄 수 있는 방법이 또 있을까?

하늘의 소명 앞에 자신을 내던진 모세

미켈란젤로 (Michelangelo di Lodovico Buonarroti Simoni), 〈모세〉(Moses), 1513-1515, Marble, height 235cm, Basilica di S. Pietro in Vincoli, Rome.

진정한 강인함

모세의 얼굴에 조각된 것은 빛이었을까? 아니면 뿔이었을까? 미켈란젤로(Michelangelo di Lodovico Buonarroti Simoni, 1475-1564)의 모세는 매우 강건한 사람의 모습으로 묘사되었다. 넓은 가슴과 어깨, 근육질의 팔과 다리는 보디빌더의 굳건해 보이는 신체를 연상케 한다. 모세의 굳은 얼굴 표정과 무엇인가를 주시하고 있는 눈길과 앉아있는 듯하면서도 단순히 정적이지 않은 그의 자세는, 지금 곧바로 다음 행동을 실천에 옮길 준비가 되어 있는 듯한 생동감을 느끼게 한다.

전설에 의하면 미켈란젤로는 모세의 조각을 마치고 그 생명력이 느껴지는 조각상에 스스로 감동해서, 모세의 오른쪽 다리를 치면서 "이제 말하시오!"라고 외쳤다고 한다. 그의 오른손 아래 옆구리 쪽에는 오른팔로 감싸 안은 십계명의 돌판이 있는데 이 모습은 모세가 시내산에 올라갔던 상황을 기록한 출애굽기 32-34장의 내용을 암시해준다. 그의 인상이 심각한 이유는 시내산 아래서 벌어진 우상숭배 사건 때문이었을 것이다. 미켈란젤로의 모세는 분명히 노여움으로 인해 미간을 잔뜩 찌푸린 얼굴을 하고 있다.

로마의 '성 베드로 사슬 성당'(Basilica di San Pietro in Vincoli, cf)행 12:1-19)에 안치된 모세상은 미켈란젤로에게 시스틴 성당의 천정화(1508-1512) 제작을 의뢰했던 교황 율리우스 2세의 묘당 기념물로 제작되었으나 무덤 장식물로도 잘 맞지 않을 듯하다. 그래서 노여움 가득하고 건장한 풍채의 모세상은 불같은 성격을 지녔던 교황의 성품을 빗대어 만든 것이라는 해석이 나왔었다는 이야기도 이해할만 하다. 뿐만 아니라, 십계명을 받을 당시 사십 주야를 금식하며 시내산에 머물렀던 모세의 실제 모습도 그렇게 강건해 보이기는 어려웠을 것이다. 하지만 미켈란젤로는 그렇게 건장하고 강인한 모세를 조각하였다.

조각가가 나타내려고 했던 모세의 이미지는 대제국 파라오의 위협 앞에서도 굴하지 않고, 마침내 비참한 노예 상태의 이스라엘 민족을 구원했던 비범한 영웅이었을 것이다. 하지만 구약이 말하려고 했던 지도자의 모습은 단순한 강인함만을 의미했을까? 오경의 본문들에서 모세의 특별한 카리스마가 하나님의 절대적인 신뢰와 인정에 기인한 것이었다고 설명하고 있지만(민 12:8), 그럼에도 불구하고 이스라엘 사람들은 기회가 생길 때마다 그를 원망하였고, 고라와 다단과 아비람과 온과 같은 지도자들은 그를 무시하고 정면으로 대적하였으며, 때로는 그의 혈육이었던 미리암과 아론마저도 그의 권위에 도전하기도 했다. 모세는 사람들이 자신의 호출 요구를 거절했을 때, 상한 자존심과 모욕감으로 인해 분노하며, 하나님 앞에 이 일을 낱낱이 고발하듯이 호소하기도 했다(민 16:12-14).

그 때마다 하나님은 거의 일방적이라고 할 만큼 모세의 편에 서서 모세의 권위를 인정하고 세워주셨다. 예를 들어, 민수기 12장에서는 모세가 구스여인과 결혼한 일이 시발점이 되어 미리암과 아론으로부터 권위에 대한 도전을 받게 된 일을 상세하게 기록하였다. 이때 미리암과 아론이 함께 모세를 비난했지만, 오히려 벌을 받아 악성피부병이 몸에 발생하게 된 사람은 미리암이었다고 성경은 이야기하고 있다. 미리암은 출애굽기 15장에서 여선지자로 언급될 정도로 출애굽사건 당시에 지도자 그룹에 속한 중요한 인물이었던 것으로 보인다. 하지만 이스라엘 자손들이 시내산에 도착한 이후에 체제가 정비되고, 가나안 정복 전쟁을 위한 새로운 목표를 성취하기 위해 조직이 재편되었다.

전쟁 준비에 필요한 남성 위주의 군사체제로 사회가 전환될 수밖에 없었으며, 미리암은 이러한 시대적 변화를 파악하지 못하고, 점점 더 위축되어가던 자신의 입지만을 생각했던 것으로 볼 수도 있다. 그래서 미리암에게 발생했던 병은 지도자의 판단력 부족에 대하여 하나님께서 심판을 내리신 결과라고 해석하는 이도 있으며, 다른 한편에서는 가부장적인 문화 배경 속에서 기록된 구약의 특성상 여성에게 죄를 전가하는 부정적인 기록이 이루어질 수밖에 없었다고 해석하는 이도 있다. 하지만 히브리어 본문에서는 아론과 미리암을 주어로 언급하면서도 동사는 여성 3인칭 단수형을 써서, 사건의 주도권이 미리암에게 있었음을 보여준다(민 12:1).

하나님을 향한 신실함이 온유함으로

이 사건의 자초지종을 기록한 민수기 12장은 모세에 관하여 매우 인상적인 평가를 남겨놓았다. "이사람 모세는 온유함이 지면의 모든 사람보다 더하더라"(민 12:3). 여기서 "온유함"으로 번역된 히브리어 〈아나브〉는 단순히 얌전하고, 온화한 성격만을 뜻하는 것이 아니라, 하나님 앞에서 스스로를 파악할 줄 아는 겸손을 뜻한다는 점에서 인간관계의 차원을 넘어선 하나님과의 관계에 있어서의 신실함에 대한 표현으로 해석할 수 있다. 그의 행적을 살펴보아도 이 해석에 공감할 수 있는 가능성은 더 커진다. 하나님으로부터 소명을 받았을 때 모세는 적어도 세 차례 이상 거절하였다. 그의 '소명 거부'는 소심한 늙은이의 심약함으로 해석될 수 있다.

그러나 동시에 그의 거절은 모세 자신의 삶에 대한 만족감을 반영하는 것일 수 있다. 한 때 이집트 왕자의 옷을 입고 왕족의 궁전에서 그들의 음식을 먹으며 살 수 있었던 모세는, 그에게 미디안 광야의 목동이라는 막다른 현실이 주어졌을 때 처음에는 당혹스러워했을 수도 있다. 그러나 모세는 자신의 힘으로 거절할 수 없는 상황을 받아들일 줄 아는 현실적인 사람이었다. 그는 자신의 삶에 만족하였기에 그 생활에 충실할 수 있었으며, 목동에게 걸 맞는 조심스러움과 스스로를 낮출 줄 아는 가난한 마음을 가지고 40년 세월을 살아올 수 있었다. 이제는 그가 알 수 없는 지도자로서의 소명과 삶의 방식과 언행의 유형을 받아들이는 일이 막막하고 두려운 도전과 모험이 되었으며, 그래서 그는 익숙하고 만족스러운 현재의 삶으로부터 변화를 요구하는 하나님의 명령을 거절할 수밖에 없었다.

그러나 결국 그는 자아를 포기하고, 하나님의 요구에 응답하였다. 모세는 일단 이집트의 파라오 앞에 서게 되자, 결코 물러섬이 없었고, 어떤 협박 앞에도 굴하지 않았다. 그의 생애 가운데 처음부터 끝까지 일관된 하나님 앞에서의 성실함과 그분의 약속에 대한 신뢰감은 타의 추종을 불허하는 것이었다. 미켈란젤로의 모세에게서 표현된 그 강인함의 느낌은 하나님 앞에서는 겸손하지만, 역설적으로 사람 앞에서 담대할 수 있었던 '하나님의 사람'의 이미지를 표면적으로 보여 주는 듯하다. 그의 강함은 현실의 익숙함을 넘어서, 하늘의 소명 앞에 자신을 내던질 수 있었던 그의 내면의 힘 가운데 내포되어 있었다.

마치 조각가의 정과 망치가 집요하게 돌을 쪼아 모양을 만들어 가듯이, 하나님은 모세 자신도 몰랐던 그의 가능성을 발견하고, 그의 깊은 곳으로부터 그것을 끌어내듯이, 그렇게 모세를 강권하여 부르셨다. 미켈란젤로는 레오나르도 다빈치와 라파엘로와 함께 르네상스 시대의 대표적인 천재 화가였으며, 동시에 조각가, 건축가, 시인, 기술자로도 활동했다. 시스틴 성당 천정화에 그려진 〈아담의 탄생〉에서 볼 수 있듯이 손가락의 마주침으로 인간 창조의 순간을 묘사한 미켈란젤로의 천재성은 모세상에서도 손을 통해 잘 표현되었다. 구아르디니(Romano Guardini, 1885-1968)는 하나님께서 사람에게 손을 주신 것은 우리가 그 안에 영혼을 들고 다니기 위함이며, 손은 영혼의 내밀을 말해준다고 했다.[4]

복잡하게 얽혀 있는 내면을 말하다

대리석 바위를 조각했다는 말 보다는 그 바위에서 모세를 꺼냈다는 표현이 더 적절하게 느껴질 정도로, 근육과 힘줄까지 생생하게 표현된 모세의 손과 손가락의 복잡한 모양새도 무엇인가 더 많은 이야기를 하려는 듯하다. 하나님의 말씀을 받았던 순간의 환희와 감격을 사람들 앞에서 표현하기도 전에 우상숭배로 타락한 이스라엘 자손들에게 하나님의 진노하심을 전달해야하는 모세의 복잡한 심정이 그 손가락들과 긴장한 듯한 혹은 힘을 잔뜩 주고 있는 듯한 그의 손이 말해주고 있다. 수염과 함께 얽혀 있는 그의 손가락들은 모세의 순간적인 고민스러움과 복잡한 심경의 변화를 잘 드러내 준다.

미켈란젤로가 조각했던 모세의 손가락들이 참 복잡하고

어려운 심리를 보여주듯이, 모세의 앞머리 위에 솟아나도록 조각된 뿔도 그의 모세상을 만나는 이들에게 여러 생각을 하게 하는 요소이다. 미켈란젤로의 모세에게서 무엇보다도 인상적인 것은 그의 머리에 솟아있는 뿔이다. 원래 히브리어로 기록되었던 구약의 필사본은 모음 없이 자음으로 기록되어 있었기 때문에, 때로 동일한 어근을 가진 단어들이 잘못 읽혀지고, 해석되는 경우들이 있었다. '뿔'이라는 뜻의 〈케렌〉과 '빛나다'라는 뜻의 〈카란〉이 그 한 가지 예이다. 미켈란젤로가 참고했던 라틴어역 성경(Vulgate)은 '얼굴에 광채가 있었다'는 말을 '뿔이 있었다'로 오역하였다(출 34:29, 30).

이 번역본 성경을 사용한 조각가는 '뿔'을 모세의 앞머리 위에 조각했던 것으로 전해지고 있다. 그의 얼굴에 빛이 있었는지, 뿔이 있었든지 이 특징은 그가 범상한 사람이 아니었음을 가시적으로 보여주는 것이었다. 구약의 민수기와 신명기에서는 마치 친구와 대화를 나누듯이 그렇게 그가 하나님과 이야기를 나누었으며, 모세와 같은 예언자는 그 이전과 이후로도 없었다고 말하고 있다. 사람이면서도 신이신 하나님과 친구처럼 대화할 수 있었다는 일 자체가 당시 사람들에게도 기이한 일이었다. 왜냐하면 고대 이스라엘 사람들은 하나님의 얼굴을 보는 사람은 죽는다고 믿고 있었기 때문이다. 그 기이한 만남을 통해 전달된 '비범함'은 그분의 말씀이었다. 이 말씀들은 그가 기록한 '오경'을 통해 '율법'으로 정리되었다.

희생, 누군가의 평범한 일상을 위한 밑거름

이제 사람들은 일상에서 감당할 수 없었던 '비범함'을 평범한 현실에서 언제든지 마주할 수 있게 되었다. 사람들은 원할 때면 '토라'를 열고 하나님의 말씀을 읽을 수 있게 되었다. 그러나 이 사건 이후에 모세 자신은 일상에서 사람과 사람을 마주하는 '평범함'을 상실하였다. 그의 얼굴에 남게 된 광채로 인하여 사람들은 그의 얼굴을 바로 보지 못하였으며, 이로 인해 사람들 앞에 나설 때면 모세는 수건을 얼굴에 덮어야만 했다고 한다(출 34:29-35, 고후 3:12-18). 구약의 기록대로 그의 얼굴에 빛이 있었어도, 혹은 번역의 오류로 인한 '뿔'이 그의 얼굴에 있었어도, 그가 일상의 평범한 삶을 잃어버리게 되었다는 사실에는 변함이 없다.

고대 그리스의 신화에서는 신들의 저주를 감내하면서까지

신들의 세계에 있던 불을 훔쳐 사람들에게 전해주었다는 프로메테우스의 이야기가 전해져온다. 그로 인하여 신들의 세계에만 있던 불이 인간의 삶 속에서도 일상이 될 수 있었다는 것이다. 우리에게 일상이 되어버린 일들이 누군가에게는 커다란 희생을 감수해야했던 사건의 결과일 수 있다. 섬머셋 모옴은 '인간의 굴레'에서 사람이 살아가는 인생에서 복잡한 무늬를 수놓는 일 대신에 단순하고 평범한 일상의 행복에 관하여 이야기하였다. 모세는 자신의 사명을 감당하는 과정 가운데서 모든 사람들이 누릴 수 있었던 평범한 생활의 행복 하나를 잃어버렸다. 사람과 사람이 얼굴을 마주보고 이야기하는 작은 일상이 그에게는 큰 일이 되어 버렸다.

그런 의미에서 모세의 진정한 강인함과 위대함은 그의 근육질 몸매가 아닌 그의 얼굴의 광채 혹은 뿔에서 나타나고 있는 것일 수도 있다. 모세의 강함은 시대의 변화와 하나님의 부르심 앞에서 자아를 포기하고 변신할 줄 아는 마음의 힘에 있었으며, 그의 위대함은 시내산에서 율법을 받을 때에 일어난 변화로 인해 그가 사랑하는 이들과도 얼굴을 맞대고 대화하는 평범한 일상을 잃어버리게 되었던 그의 얼굴에 깃들어 있었다. 큰일이든 혹은 작은 일이든 책임을 감당하는 자리에 있다는 것은 외로운 일일 수 있다. 그렇지만 누군가의 그 수고로 인해 다른 이들은 그 그늘과 품 안에서 안식을 얻기도 하고, 때로는 무엇인가 중요한 의미를 발견하기도 하며, 주어진 삶의 풍요로움을 누리면서 살아가기도 한다.

그러므로 우리의 일상은 누군가의 특별한 희생의 결과일 수 있으며, 드러나지 않을 것 같은 우리의 희생은 또 다른 누군가의 평범한 일상을 위한 밑거름이 되기도 한다.

기다림과 열정으로 묘사된 모세의 사랑

렘브란트(Rembrandt Harmenszoon van Rijn, 1606~1669), 〈십계명 두 돌 판을 깨트리는 모세〉(Moses Smashing the Tables of the Law) 1659. Oil on canvas. 168.5×136.5cm, Gemäldegalerie, Berlin, Germany.

명암이 교차했던 모세의 생애

렘브란트가 1659년에 그린 〈십계명 두 돌 판을 깨트리는 모세〉는 원래 더 큰 크기로 제작되었으나, 나머지 부분은 편집되고, 현재의 장면만이 남게 된 것으로 전해지고 있다. 그럼에도 불구하고 이 그림은 그 자체만으로 약 100호 크기의 대작에 속한다. 적갈색에서 노란색까지의 색조가 주를 이루는 이 그림에서, 마치 얼굴과 두 팔에 조명을 비춘 듯한 '밝은 부분'(명)과 나머지의 '어두운 부분'(암)은 대비를 이루고 있다. 렘브란트는 빛과 어둠의 대조를 통해 그림의 내용을 극적으로 묘사하는 '기아로스쿠로'(chiaroscuro) 화법의 대가였으며[5], 모세가 십계명 서판들을 던지려고 하는 순간을 묘사한 그의 그림에서도 이러한 특징은 선명하게 드러나고 있다.

모세 뒤의 바위와 암벽의 배경은 그가 하나님께로부터 십계명을 받기 위해 올랐던 시내산을 보여주며, 검은색으로 표현된 십계명 석판은 어두운 배경 색 가운데서도 두드러지게 묘사되었다. 앞쪽의 서판에는 "살인하지 말라"라는 여섯 번째로부터 열 번째까지의 인간관계에 관한 십계명이 히브리어로 기록되어 있다. 이에 대한 대비 색으로서 가장 밝은 부분을 차지하고 있는 부분이 모세의 양팔이며, 가장 밝은 색의 두 팔 위에 가장 어두운 색의 십계명 석판들이 들려져 있고, 양 팔과 함께 밝은 색조의 얼굴 부분이 수평을 이루고 있다.

한 가지 흥미로운 것은, 렘브란트가 활동하던 그 당시 유럽은 16세기 종교개혁과 르네상스의 영향력 아래 놓여 있었으며, 그 시대상황 자체가 마치 명암의 대비처럼 이분법적 대립을 경험하던 시기이기도 했다는 점이다. 중세 종교 전통과 근세 인문주의 운동의 갈등과, 로마 가톨릭과 개신교의 대립이 그러하였다. 같은 명암법을 사용했지만 루벤스가 반종교개혁의 이념을 그림에 반영하며, 교회의 권위와 화려함을 강조했다면, 렘브란트는 가톨릭 제단화에 나타나는 과장된 몸짓을 제거하고, 프로테스탄트의 정신을 그림에 담아, 성경을 실제적으로 묘사하고자 애썼다.

또한, 렘브란트가 그린 모세 그림에서 나타난 명암의 대비는 그림의 배경을 이루는 출애굽기와 모세의 생애에 나타난 특징이기도 했다. 모세는 처음부터 두개의 대립되고 모순적인 상황의 성장배경을 가지고 있었다. 이집트의 노예였던 히브리인으로 태어났으면서도, 모세는 파라오의 궁전에서 공주의 양자로 자라날 수 있었다. 그의 이름 '모세'는 당시 이집트 파라오들의 이름이었던 '투트모세' 나 '아모세' 처럼 일상적인 이집트식 이름의 요소였다고 보는 이들도 있지만, 출애굽기에서는 '물에서 건져내었다' 라는 의미를 갖는 것으로 해석한다(출 2:10). 이 해석대로라면, 모세의 이름은 그가 히브리 노예의 태생임을 부정할 수 없게 하는 확실한 증거가 되었을 법하다.

오래 참음의 삶

모세의 성장과정에서 그에게 가장 크게 요구되었던 개인적 덕목은 무엇이었을까? 아마도 그것은 '오래 참음' 이어야만 했을 것이다. 모세는 자신이 히브리인이라는 사실을 인식하면서도 겉으로는 표현할 수 없었으며, 바로의 궁전에서 화려하고 평안한 삶을 살면서도 노예의 비참한 삶을 살아가는 동족들의 모습을 바라보지만, 그 감정을 표출할 수 없었다. 그렇게 사십년 세월을 살아야했던 모세를 지탱시켰던 것은 그 '인내' 와 '절제' 의 미덕이었을 것이다. 모세의 내면에서는 이집트 왕자라는 화려한 정체성과 히브리 노예라는 초라한 출생의 비밀이 마치 '명암' (明暗)처럼 공존하였다. 그 내면적인 갈등과 날마다 싸우며, 그는 흐르는 강물처럼, 혹은 색깔 없는 물과 같이 그렇게 현실 속의 자신을 받아들이고, 인정하고, 감내하며 살아야 했다.

율법서 대부분의 내용은 모세가 백 이십 세에 생을 마감할 때까지, 몇 차례의 사건과 실수를 제외하고는(민 20:10-13), 인내하는 사람으로서 삶을 살았다고 묘사해주고 있다. 셀 수 없이 반복되는 백성들의 원망과 불평 가운데서도 모세는 오래 참았다. 렘브란트가 그렸던 모세의 그림 가운데 밝은 부분에 속한 그의 얼굴도 모세의 그러한 성품을 보여주고 있는 듯하다. 모세의 얼굴은 말을 참고, 슬픔과 분노의 감정을 참고 있는 내면적인 심리를 반영하고 있으며, 굳게 다문 입술과 일그러진 듯이 보이는 이마와 미간의 깊게 패인 주름살을 통해 그러한 절제의 감정들이 고스란히 나타나고 있다.

렘브란트가 이 그림을 그렸던 1659년은 그의 인생에서 50대 중반으로 접어드는 시기였으며, 사랑했던 아내와 자녀들을 잃고, 부와 명성을 모두 잃어버린 경험을 감내하면서 고단한 삶을 살아내던 때였다. 그 시대의 화풍은 그림의 심각함을 외면하는 대신 우아하고 밝은 분위기의 새로운 양식으로 기울었으며, 인문주의의 영향으로 세속적이고 다양한 주제들이 그림의 소재로 사용되었다. 형상이나 그림과 장식을 억제하던 종교개혁 전통의 영향으로 개신교 교회들은 종교적인 그림과 성경그림에 대한 주문을 더 이상 하지 않게 되었다. 렘브란트는 그런 시대를 살아가면서, 여전히 명암법을 활용하는 무거운 분위기의 그림을 고집하였고, 사람들이 외면하던 성경그림을 계속 그려나갔다.

렘브란트의 그런 고집스러운 모습이 그가 그렸던 모세의 얼굴에 투영되었던 것처럼 보인다. 렘브란트가 그린 모세의 얼굴에는 무엇보다도 모세라는 한 인물의 감정과 삶과 생각들이 생생하게 담겨져 있었지만, 동시에 그 그림을 그렸던 화가의 생애가 담겨 있고, 그가 살았던 시대상이 담겨 있는 듯하다.

모세의 얼굴에 나타난 이러한 '감정의 절제'라는 주제와는 다르게, 그의 '손'은 이미 십계명 돌 판을 던지기 위해 머리 위의 높이까지 올라가 있다. 모세의 얼굴과 수평으로 빛을 받고 있는 그의 팔은, 동일하게 밝은 부분을 구성하면서, 이제 전혀 다른 주제 하나를 새롭게 전달한다. 렘브란트가 30세 때 그렸던 〈이삭의 희생〉(1635)에서는 아브라함이 칼을 놓치는 장면을 순간적으로 포착한 것처럼 묘사했다. 그런데 그 그림만큼이나 역동적으로, 렘브란트는 모세가 두개의 돌 판을 던지기 직전의 생생한 순간을 포착하여 그 찰나의 움직임을 이 그림으로 표현했다. 하나님의 진노와 모세의 마음 속 격정을 그 순간 그대로 십계명 돌 판을 던지기 위해 움직이고 있는 그의 양 팔을 통해 표출한 것이다.

감정의 절제와 폭발

〈십계명 두 돌 판을 깨트리는 모세〉에서 양팔과 얼굴은 빛과 어두움만큼이나 극렬한 대조를 이루는 감정의 주제를 담아낸다. 이 그림은 감정의 절제와 감정의 폭발을 동시에 보여주며, 비록 동일한 밝은 색조를 띠고 있지만, 이 그림 전체에 나타난 명암의 대조만큼이나 그의 얼굴과 손은 다른 방식으로 그의 감정과 의지를 표현하고 있다. 렘브란트의 그림 속에서 십계명 돌 판들을 던지기 위해 높이 들어 올린 모세의 손은, 율법서 전체에 나타난 모세의 이미지와는 대조적으로, 더 이상은 범죄한 이스라엘 자손들을 향하여 인내하지 못했던 지도자의 내면세계를 보여준다.

그러나 여기에는 상대방에 대해 인내하기 위한 에너지와

노력만큼이나 강렬했던, 또 다른 차원의 힘과 마음속의 뜨거움이 배어있다. 이 그림에서 손을 통해 드러났던 마음 속 열정은 그의 기도 가운데서 분명하게 나타난다. 모세는 우상숭배를 하는 이스라엘 백성들에게 하나님의 심판을 선언하고, 죄 값을 치루기 위한 조치를 실행했지만, 그것으로 끝이 아니었음을 출애굽기는 이야기해 주고 있다(32-34장). 그 사건 직후에 이스라엘 자손을 지상에서 멸하겠다고 말씀하시는 하나님의 뜻을 돌이키기 위하여, 모세는 자신의 목숨을 걸고 한 민족의 지도자로서 하나님과 대면하였다. "그러나 이제 그들의 죄를 사하시옵소서. 그렇지 아니하시오면 원하건대 주께서 기록하신 책에서 내 이름을 지워버려 주옵소서"(출 32:32).

이것은 모세가 하나님 앞에 나아가, 죄를 범한 이스라엘 자손들을 구하기 위해 하나님 앞에 드렸던 중재의 기도문이다. 신약에서는 하나님 앞에 기록된 책을 '생명책'이라고 부르고 있으며, 요한계시록에서는 생명책에 기록되지 못한 사람이 지옥에 가게 될 것이라는 표현과 그들은 천국에 들어가지 못한다는 표현을 반복해서 쓰고 있다(20:15, 21:27). 그렇다면 생명책에서 이름이 지워진다는 말은 죽음 이상의 의미를 갖는 일임에도 불구하고, 구약의 지도자 모세는 하나님 앞에서 그런 고백과 기도를 하였던 것이다. 이 목소리의 메아리를 신약에 기록된 바울의 기도 가운데서도 만날 수 있다. "나의 형제 곧 골육의 친척을 위하여 내 자신이 저주를 받아 그리스도에게서 끊어질지라도 원하는 바로라"(롬 9:3).

그리스도와의 관계가 끊어져 자신이 영원한 저주아래 놓인다 할지라도, 동족인 이스라엘 사람들의 구원을 위하여 그렇게 되기를 원한다는 고백이었다. 하나님의 백성들에게 있어서 모세와 바울의 이러한 말들은 더 이상 설명할 길이 없는 극단적인 뜻을 담은 표현들이다. 이런 기도를 하는 지도자들의 가슴속 깊은 곳에서 만날 수 있는 것은 바로 사람을 향한 '사랑'의 마음이다. 구약의 전체 역사를 돌이켜 보아도, 하나님께서 그의 종들 누구 앞에서도 이스라엘 민족의 죄악 때문에 민족 전체를 멸하고, 새로운 민족을 일으키시겠다는 표현을 하신 일이 없다.

어쩌면 하나님께서는 모세라는 고집 센 인물의 성품과 속사람을 너무도 잘 아셨기 때문에, 자신의 목숨 이상을 걸고 용서를 구하는 기도를 할 만한 모세 앞에서, 마음껏 진노하실 수 있으셨던 것은 아니었을까? 잠언에는 "그 생각이 어떠하면, 그 위인도 그러한 즉…"이라는 표현을 담은 구절이 있다(잠 23:7). 이 말씀과 같이, 기도는 사람 내면의 생각이며, 마음 깊은 곳에서부터 우러나오는 가장 심오한 언어이며, 그 사람이다.

공개적인 기도가 자신을 자랑하고 선전하기 위한 교묘한 수단으로 전락할 때, 이것이 하나님과 사람 앞에서 얼마나 혐오스러운 일이 될 수 있는가에 관하여는 예수님이 복음서에서 이미 충분히 말씀하셨다(마 6:1-8). 반면에 은밀한 기도는 주님과 사람을 향한 가장 진실하고 뜨거운 사랑의 표현이 될 수 있다. 모세는 그런 기도를 하나님 앞에 드렸다. 모세가 십계명 돌 판을 던지기 위해 치켜들었던 손은, 다시 하나님 앞에서 이스라엘 백성의 용서와 구원을 위한 간구와 기도를 위해 들어 올린 손이 되었다.

목숨보다 더한 것을 바쳐 중재하던 모세

구약의 지도자 모세는 자신에게 맡겨진 사람들과 공동체를 진심으로 사랑한 사람이었음을 그의 기도에서 알 수 있고, 그 공동체를 위하여 자신의 모든 것을 걸고 책임지려했던 사람이었음을 깨달을 수 있다. 구약에서 모세를 가장 위대한 지도자로 평가하는 이유도 그의 기도 속에서 발견할 수 있다. 렘브란트가 그렸던 모세는 굳게 다문 입술과 슬픔을 절제하는 얼굴과 함께 하나님의 십계명 석판마저도 내던지는 손을 통해 명암의 기법만큼이나 대조적인 심리를 보여주었으며, 그의 가슴 속에 있는 감정들을 드러내 주었다. 하지만 그 대조적인 감정들의 표현 넘어, 지도자로서 모세의 가슴 속에는 언제나 이스라엘 자손들을 향한 누구보다도 더 큰 사랑이 변함없이 자리 잡고 있었음을 렘브란트는 그림으로 보여주었고, 구약은 출애굽기의 모세 이야기를 통해 그러한 사랑을 말해주고 있다.

우리가 살아가고 있는 이 시대는 모든 것이 너무도 빠르게 선택되고 표현되는 '속도전'의 시대이며, 속도가 또 하나의 능력과 가치가 되어버린 시대이다. 하지만 그 무게 중심을 잃어버린 속도 자체는 언제든지 사람들에게 재앙이 될 수 있다. 렘브란트가 그린 모세의 그림에서 볼 수 있었던 절제와 기다림과 열정과 사랑의 주제들을 통해 우리가 만나게 되는 또 다른 가치는 과연 무엇일까? 고린도전서 13장에서는 사랑을 노래할 때 그 내용의 첫 시작을 "사랑은 언제나 오래참고…"라고 표현하였다(13:4). 사랑은 먼저 오래 참음과 연결되어 있다. 우리의 삶 속에서 일어나는 수많은 절제와 표현의 순간에, 예수께서 가르쳐주신 사랑을 그 무게 중심으로 바르게 붙잡지 못한다면, 우리는 어느새 격정과 감정의 노예가 되어 버릴 수도 있을 것이다.

2부
소명의 길을 걷다

하나님의 손에 맡겨진 사람

알마 타데마(Lawrance Alma Tadema), 〈모세의 발견〉(The Finding of Moses), 1904, 개인소장, 영국.

두 가지 두려움

사람이 마땅히 두려워해야 할 것은 과연 무엇일까? 출애굽기 첫 장에서는 두 가지 두려움에 관한 이야기로 이스라엘 민족 해방의 역사를 기술하기 시작한다. 첫 번째는 '사람을 두려워 함'에 관한 이야기이다(1:8-10). 이집트의 파라오는 어느 날 그들의 노예가 된 히브리인들의 인구 증가에 두려움을 느끼게 되었다. 그의 조상이 힉소스족이라는 셈족 침입자들에게 나일강 델타 지역을 빼앗기고 수백 년 간 상류로 쫓겨났던 경험을 하게 되었던 탓인지, 파라오는 피해의식 가운데서 아직 있지도 않은 어떤 전쟁이 일어난다면, 이스라엘 자손들이 침입자 편에 가담하고 노예로 살고 있던 이집트 땅으로부터 떠날 것이라고 판단했다. 그래서 그는 이집트 땅에서 번성한 히브리 노예들을 두려워한 나머지, '히브리 산파들'에게 갓 태어난 남자 아이들을 살해하라는 명령을 내렸다. 두 번째는 파라오의 명령을 받은 히브리 산파들이 '하나님을 두려워 함' 때문에 그 당시 신으로까지 여겨졌던 파라오의 '영아살해' 명령마저도 어기고, 아이들을 살려주었다는 이야기이다(1:15-17). 어떤 두려움은 사람의 생명을 빼앗는 길로 나아가지만, 또 다른 두려움은 사람을 살리는 방향으로 나아가는 것임을 보여준다. 사람은 선택의 순간에 그가 어떤 기준을 가지고 삶을 살아가고 있는가를 자신과 사람들에게 구체적인 결정을 통해 말하게 된다. 시편 25편 12절에 의하면, 하나님을 두려워할 줄 아는 사람의 선택할 길은 주께서 친히 가르쳐 주신다고 한다.

출애굽기 산파들의 이야기는 그 구체적인 실례에 해당할 수 있다. 그러나 이 사건의 고비가 이대로 멈추어지지는 않았다. 파라오는 이제 태어나는 남자 아기를 모두 죽이라는 새로운 명령을 내렸다. 그러나 이번에도 파라오의 명령은 한 여성에 의해 거부되었다. 바로 그의 딸이었던 공주에 의해서였다. 알마 타데마(Lawrance Alma Tadema, 1836-1912)는 19세기 후반 빅토리아 여왕 시대를 대표하는 영국 화가로서, 1902년 당시 영국의 식민지배하에 있던 이집트에서 나일강의 홍수 조절을 위해 건설되었던 아스완 댐 완공을 기념하기 위해 이집트를 방문했을 때, 나일강을 보고 〈모세의 발견〉이라는 제목의 그림을 그리게 되었다. 그의 작품들은 주로 그리스, 로마 신화에 관한 그림들과 성경의 내용들이며, 정밀하고 사실주의적인 기법으로 묘사한 점이 인상적이다.

그림 속의 이집트 공주는 매우 젊은 여성으로 묘사되었고, 자애로운 표정으로 지금 막 나일강에서 건져 올린 아기 모세를 바라보고 있으며, 공주와 아기의 모습은 이 그림의 중심을 이룬다. 주후 1세기경 이스라엘의 고대 역사가 요세푸스는 이 공주를 '테르무디스'(Thermuthis)라는 이름의 여인이었다고 전하고 있고, 주전 2세기경의 유대인 역사가 아르타파누스는 '메리스'(Merris)라는 이름의 이집트 공주가 모세의 양어머니였다는 유대전설을 전하기도 하였다. 그 이야기들 속의 공주는 알마 타데마가 상상한 것처럼 젊은 여성의 모습이었는지 알 수는 없다.

어머니의 길을 따르다

상상 속의 공주이든, 전설 속의 공주이든, 혹은 젊은 여성이었든, 나이 많은 여성이었든, 출애굽기에서는 그의 아버지 파라오가 히브리 노예들의 남자 아기를 모두 나일강에 던져서 처형하라는 명령을 내렸던 장본인이었다고 말한다. 이 무지막지한 정책의 실행을 막을 수 있는 힘도 없고, 어떠한 방도도 알지 못했던 그의 딸은 아마도 마음 속 깊은 곳에 아버지의 정치적 결정에 대한 저항감을 품고 있었나 보다. 나일강에 목욕하기 위해 내려왔다가 발견하게 된 아기의 정체를 파라오의 공주가 모를 리 만무하다. 출애굽기의 본문에서도 그 사실을 분명하게 묘사하였다(2:6).

그러나 한 어린 아기를 생명 그 자체로 소중하게 보았고, 울고 있는 아기를 보고 불쌍히 여겼으며, 그 아기를 물에서 건져내었다. 그리고 그녀의 양자로 삼았다. 파라오의 공주와 물에서 건져낸 모세라는 아기의 눈이 마주친 그 순간, 아버지 파라오의 정책은 공주의 마음속에서 이미 그 효력을 잃고 말았다. 이번에는 파라오의 명령이 한 여인의 모성애 앞에서 굴복하고 말았다. 공주가 내렸던 이러한 결정에는 큰 부담과 위험이 따를 수 있었다. 왜냐하면 아버지의 정책을 딸이 따르지 않고, 히브리 노예들의 버려진 아기를 살려주었다는 사실 자체가 사람들의 구설수에 휘말릴 수 있는 큰일이었기 때문이다. 하지만 그는 정치적인 선택보다는 사람의 길을 선택하였으며, 어머니의 길을 선택하였다.

기뻐하는 사람을 보면 함께 웃어줄 수 있고, 불쌍한 사람을 보면 측은한 마음이 동할 줄 아는 그런 인간 본연의 마음이 향하는 길을 파라오의 공주는 따라갔다. 그러나 그가 구한 한 아기의 생명은 한 사람의 구원만으로 끝나지 않았다. 아기 모세를 물에서 건져낸 그 사건은 장차 일어나게 될 이스라엘 민족의 구원 역사에 있어서 첫 걸음이 되었다. 출애굽기는 모세의 어머니 요게벳이 태어난 아기를 석 달간 숨겨 두었다가 더 이상 아기를 감추어 놓을 길이 없어서 나일 강가의 갈대 사이에 두었다고 말하고 있다(2:1-3). 그리고 아기에게 벌어지게 될 일을 지켜보기 위해 그의 누이가 멀리 서 있었고, 때마침 이집트인들의 관습에 따라 나일강에 목욕하러 내려온 파라오의 공주에 의해 발견된 모세는 구출될 수 있었다.

그의 누이가 지혜를 발휘하여 어머니를 유모로 소개하는 이야기로 모세의 유아시절 사건들은 이어져간다. 이 모든 과정이 어머니 요게벳의 주도면밀한 계획 속에서 이루어지게 된 일들이라고 설명하는 이도 있다. 그러한 설명은 파라오의 공주가 이집트 종교의 풍요 다산을 위한 목욕 의식을 행하는 시기와 장소를 잘 알고 있었던 요게벳이 치밀하게 준비한 각본대로 자신이 유모가 되어 아기 모세를 살려서 키울 수 있게 되었다는 것이다. 그러나 나일강에 홀로 버려진 아기에게 일어날 일은 누구도 예측할 수 없는 일들이었다. 어머니와 아버지의 품 안에 영원히 품고만 있을 수 없어 아기를 나일 강가에 내려놓고 올라오는 부모의 심정은 말로다 표현할 수 없다.

그러나 모든 인간관계는 이별의 훈련을 필요로 한다. 군에 보내는 아들의 뒷모습을 바라보는 부모의 마음도, 곱게 키운 딸을 시집보내는 어머니와 아버지의 마음도, 가족을 떠나보내고 사랑했던 사람들과 이별을 하는 모든 이들의 마음도 이와 다르지 않을 것이다. 모세의 부모였던 아므람과 요게벳은 모세를 나일 강가에 내려놓음으로써 하나님의 손 안에 자신의 사랑하는 아들을 내어 맡겨드리는 결정을 실행하였으며, 이 결정의 과정을 통해 이제는 부모의 손길만이 모세를 길러가는 것이 아니라 하나님의 손길로 모세는 자라갈 수 있게 되었다. 구약은 이처럼 이스라엘의 위대한 지도자 모세가 어려운 시대에 태어났으나 위태한 상황 속에서도 생명을 잃지 않았으며, 거기에는 파라오의 명령을 거절했던 어머니들의 용기와 여성들의 지혜와 도움이 있었다고 말한다. 지도자 한 사람이 태어나고 역사 가운데 등장하기까지는 수많은 사람들의 희생과 헌신과 도움이 있었다는 사실을 또한 잊어서는 안 될 것이다.

모세에 관한 연구에 몰두하기도 했던 프로이트(Sigmund Freud)는 파라오의 딸이 모세의 이름을 붙일 때, 히브리어로 된 이름을 붙였을 리가 없다고 생각하고 그 이름을 이집트인의 이름으로 설명할 수 있다고 보았다. 이집트어에 기원을 두는 이름을 가진 이 아이를 프로이트는 아가데의 사르곤(Sargon) 1세의 전설과 페르시아의 키루스(Cyrus, 주전 559-529) 왕의 전설 속에서 왕가에서 태어난 아기가 버려지고 다시 돌아와 왕이 되는 이야기의 전형을 발견하고, 모세 역시 히브리인이 아닌 이집트인이었을 것으로 보기도 했다. 그렇지만, 그 이집트 공주가 모세를 히브리 노예의 아들인줄 알고서도 자신의 양자로 받아들일만한 배려의 마음을 가진 사람이었다면, 비록 노예로 살아가는 민족이라고 할지라도 그들의 언어 정도는 알고 있지 않았을까?

모세의 탄생과 성장 과정에 관한 수많은 상상과 이야기와 유대 전승과 전설들이 있지만, 정작 구약은 모세의 어린 시절에 관하여 그다지 많은 정보를 제공하지 않는다. 신약의 예수님 이야기의 경우에 있어서도 이러한 사정은 별반 다르지 않다. 때로는 다 알 수 없음으로 인해 속이 답답할 수도 있지만, 성경은 중요한 것들을 가끔씩 그 알지 못하는 영역 속에 담아서 전달하는 경우들이 있다. 출애굽기의 짧은 본문 속에 기록된 모세 탄생과 생존의 극적인 과정들을 읽었을 알마 타데마의 그림에서 그 한 순간이 사진처럼 묘사되었다. 사랑스러운 눈길로 모세를 바라보며 가마를 타고 가는 공주의 모습과 공주의 시중을 드는 남녀 시종들의 행렬을 화가는 매우 화려하게 묘사하였다.

나일강, 풍요로움인 동시에 고통의 물결

하지만 자세히 보면 나일강 건너편 땅에서는 수많은 사람들이 노동하고 있는 대조적인 모습을 병렬로 비교해 볼 수 있다. 그 가운데 수많은 부모들이 모세와 같은 아들들을 나일 강물에 수장해야 했을 것이다. 히브리 노예들에게 나일 강물은 그들의 눈물이었다. 그러나 이집트인들에게 나일 강은 언제나 풍요로움과 화려함과 생명력 가득한 축복이었다. 알마 타데마는 그렇게 파라오의 공주가 지나가는 행렬을 그림의 맨 앞줄로, 그 바로 뒤에 흐르는 나일강물을 두 번째 줄로, 강 건너 땅에서 그 날도 여전히 고역에 시달리는 히브리 노예들의 모습을 세 번째 줄로 그림을 구성하였다. 나일강은 히브리 노예들과 이집트인들에게 너무도 다른 강물이었다.

이 그림 속의 아름다운 공주에 의해 히브리 노예들의 한 아기 모세가 나일 강으로부터 구출되었지만, 그의 아버지 파라오의 명령으로 수많은 히브리 민족의 아기들이 이 나일강에서 생명을 잃은 역사가 그림의 보이지 않는 배경 속에는 고스란히 담겨있다. 출애굽기는 훗날 모세가 이집트 땅에 임한 하나님의 심판을 선포하고 이스라엘 자손들을 이집트에서 구출할 때 벌어졌던 열 가지 재앙 가운데 첫 번째 사건을 나일강이 피로 변하는 기적으로 이야기하고 있다. 이 일이 벌어졌을 때 이집트인들에게도 나일강은 더 이상 풍요와 생명만을 의미할 수 없었다.

하지만 이집트의 파라오도 정치가들도 나일강이 피가 되는 사건의 의미를 읽어내지 못하였고, 열 가지 재앙이 모두 다 이집트 땅에 몰아닥치고, 자신들의 자녀들이 목숨을 잃는 아픔을 겪고 나서야 비로소 자신들의 범죄에 대한 하나님의 심판을 깨닫게 되었다. 그리고 이스라엘 사람들을 그들의 손아귀에서 놓아 주었다. 구약성경에서 말해주고 있는 이집트의 모습도 그러하다. 이집트 땅은 히브리인들의 조상들이 가나안 땅의 기근으로부터 생명을 보전하기 위해 이주해 들어

갔던 피난처였으며, 그 자손들이 한 민족으로 성장해 갈 수 있었던 모판과도 같은 땅이었다.

그러나 그 생명의 땅 이집트가 세월이 지난 후에는 이스라엘 사람들의 생명을 앗아가는 비극의 땅이 되었다. 이집트 땅에서 이스라엘 자손들이 노예로 살아가게 된 배경에는 그러한 역사의 과정들이 숨어 있었다. 구약의 창세기와 출애굽기는 그 모든 과정을 상세하게 설명하고 있는 책들이다. 그리고 이러한 역사의 전환점을 그려낸 이야기가 모세를 통하여 이루어지게 되었고, 출애굽의 구원사는 모세가 나일강에서 구출되었던 그 사건으로부터 본격적으로 시작되었다. 알마 타데마의 그림에는 나타나지 않았지만, 모세를 나일 강가에 내려놓을 줄 알았던 어머니 요게벳과, 어린 동생에게 벌어지는 일들을 지켜보기 위해 멀리 서있었던 모세의 누이를 통하여, 모세는 하나님의 손에 맡겨질 수 있었다.

하나님의 보이지 않는 손에 맡기다

아기 모세를 강물에 내려놓을 때 물리적인 육신의 손은 그 갈대 바구니를 놓았지만, 아들을 위해 하나님께 눈물로 간구

했을 어머니의 기도는 보이지 않는 손길이 되었다. 거기에는 또 하나의 보이지 않는 손길이 함께하고 있었다. 그 손은 모세를 선택하시고, 그를 출애굽의 지도자로 부르셨던 하나님의 보이지 않는 손이었다. 알마 타데마의 그림을 들여다보고 있으면, 나일 강가의 물길을 헤치며 나아가는 파라오의 공주와 아기 모세의 행렬에서 들려오는 음악 소리와 나일 강의 물소리들이 들리는 듯하다. 저 멀리서는 히브리 노예들의 웅성거림과, 노동에 시달리던 수많은 사람들과 일들의 소음이 함께 뒤섞여 들려올 것만 같다.

그 속에는 아기 모세의 울음소리도 섞여 있었을 것이고, 또 그 가운데는 모세의 어머니 요게벳의 기도 소리도 함께하고 있었을 것이다. 알마 타데마가 자신의 그림을 그려가면서 이집트 공주의 반대편 육지에서 고역에 시달리는 히브리 노예들의 모습을 묘사해갈 때, 자신의 조국이 식민 통치하던 이집트 사람들의 현실이 그의 눈에 보이지는 않았을까? 화려한 장면으로 표현된 출애굽기의 이야기를 보면서, 그 당시 사람들은 또 어떤 마음으로 이 그림을 들여다보았고, 어떤 생각들을 하였을까? 알마 타데마의 전체 그림들을 생각해보면, 이 그림에만 갑자기 사회고발적인 의미가 들어가게 되었다는 생각이 들지는 않는다. 화가와 그 당시 이 그림을 보았던 영국 사람들의 정확한 속마음과 생각들이 궁금하지만 알 길은 없다.

출애굽기는 고역에 시달리던 히브리 노예들의 탄식 소리마저도 들으시고 그들의 조상에게 해주셨던 약속을 기억하시며, 불쌍한 처지에 놓여 있던 그들을 바라보시고 생각하시며, 구원역사를 준비해 가셨던 하나님에 관하여 이야기하고 있다. 비록 사람들은 성경 안에서 잘못된 사람들의 전형을 발견하고 비난하기도 하지만, 정작 자기 자신으로 인해 그런 일들이 벌어지는 현실을 인식조차 하지 못하는 경우도 있고, 때로는 알아차려도 애써 외면하는 모습들을 보게 될 때도 있다. 그러나 하나님은 언제나 약한 이들의 사정을 헤아리시고, 그들과 공감하는 분이셨다. 그리고 화려한 장면 뒤에 가려진 다른 사람들의 현실을 꿰뚫어 볼 줄 알고, 그들의 심정을 공감할 줄 아는 누군가를 불러 지도자로 세우려고 애쓰셨던 분이심을 말해 준다. 지도자 모세는 그런 하나님의 마음을 공감했던 사람이었고, 히브리 사람들의 마음을 공감했던 사람이었다. 이 시대에도 그런 지도자의 모습을 꿈꾸며 희망한다.

인간의 무능을
하나님의 전능으로 바꾼 모세

푸생(Nichoras Poussin), 〈모세와 불붙은 떨기나무〉 (Moses and the Burning Bush,), 1640-42, oil on canvas, 193×158cm., Statens Museum für Kunst, Copenhagen.

말이 어눌했던 위대한 지도자

무엇인가에 놀랐을 때 사람은 어떤 표정을 지을까? 뭉크(Edvard Munch, 1863~1944)의 〈절규〉에서 표현된 사람의 얼굴은 놀람과 공포와 절망을 보여주었다. 그림 속 인물의 얼굴에서는 다른 어느 부분보다도 그 입의 모양이 보는 이들의 뇌리에 오랫동안 인상적으로 남는다. 하지만 푸생(Nicholas Poussin, 1594-1665)의 〈모세와 불붙은 떨기나무〉 속 모세는 놀람을 경험한 사람의 다른 이미지를 보여주고 있다. 화가는 이 작은 그림 속의 한 장면으로 모세의 소명 과정 전체에 해당하는 출애굽기 3-4장의 내용을 담아내었다. 불붙었으나 타지 않는 떨기나무 앞에서 그가 던진 지팡이는 이미 뱀으로 변하여 고개를 들고 서 있고, 모세는 그 광경을 바라보며 화들짝 놀란 모습으로 묘사되었다.

그 놀라움은 모세의 손과 얼굴표정과 쭈뼛 선 것처럼 보이는 머리카락들을 통해 잘 나타나 있다. 불붙은 떨기나무 가운데 서 있는 인물은 두 명의 천사들과 함께 나타나 오른손으로는 모세를 가리키고, 왼손으로는 그가 받은 소명을 위해 돌아가야 할 이집트를 가리키고 있는 듯하다. 루벤스로 대표

되는 17세기 바로크 미술이 감성적이며 격정적인 인물 묘사와 시각과 색체를 강조하면서 그 시대를 풍미했던 반면에 푸생은 그 시대의 사조와는 다른 길을 고집스럽게 걸어갔던 사람이었다. 그는 고대와 르네상스 시대의 작품들을 기준으로 삼고 그림 속의 질서와 균형을 강조하며, 여기에 이성적이며 윤리적인 교훈과 의미를 담고자 노력했다.

그래서 사람들은 그의 작품을 볼 때, 화가의 생각을 함께 찾아내려는 노력을 해야 한다고 평가했으며, 세월이 흐른 후에 푸생이 세워 나갔던 이 새로운 특징과 화풍을 일컬어 고전주의라고 부르게 되었다. 푸생은 프랑스인이었지만 주로 이탈리아에서 활동하다가 그 곳에서 생을 마감하였다. 그렇다면 그가 그렸던 〈모세와 불붙은 떨기나무〉에서 우리는 과연 어떤 생각과 이야기들을 읽어 가야할까? 푸생은 르네상스 시대의 화가 라파엘로(Sanzio Raffaello, 1483-1520)의 영향을 받았으며, 그가 그린 〈모세와 불붙은 떨기나무〉라는 그림은 그 구도와 인물 묘사에 있어서 라파엘로의 바티칸 미술관 천정화(1512년 이후 제작)와 유사한 특징들을 보여준다.

라파엘로가 그렸던 모세의 소명 장면에서 모세는 자신의 손으로 눈을 가리고 있다. 이에 비해 푸생의 그림에서는 비숫한 구도를 보여주면서도 눈을 가리지 않은 모세의 얼굴을 묘사했으며, 더 많은 정보와 내용을 함축적으로 표현하였다. 이마에 깊게 패인 주름살과 초췌한 모세의 모습은 고스란히 그가 지내왔을 인고의 세월을 보여준다. 그런데 한 가지 특이한 점이 있다. 그렇게 놀라는 상황에서도 모세는 입을 굳게 다물고 있다. 그렇게 고집스럽게 다물고 있는 입은 과연 무엇을 말하려는 것일까? 그림 속 모세는 이미 신발을 벗었다. 그가 거룩한 절대자 앞에 스스로 서게 되었음을 충분히 인식하고 있다는 사실을 보여주는 장면이다.

하지만 그는 하나님께서 맡기시는 소명을 몇 차례 거듭해서 거절하였다. 그 이유는 또 무엇이었을까? 출애굽기에서는 위대한 지도자 모세의 개인적인 콤플렉스가 바로 '말을 잘 못하는 것'이었다고 기록하고 있다. 모세의 입은 적절한 순간에 열려야 하고, 필요한 말이 당당하게 나와야 하지만, 푸생의 모세는 놀라움의 순간에도 굳게 다물어버린 입을 통해, 말하는 능력의 문제를 암시적으로 보여주고 있는 듯하다. 모세가 파라오의 압제 아래서 노예상태로 살아가는 히브리인들을 구원하고 해방시킬 소명을 받게 되었을 때, 그의 걱정은 언변에 관한 것이었다.

"오 주여 나는 본래 말을 잘 하지 못하는 자니이다. 주께서 주의 종에게 명령하신 후에도 역시 그러하니 나는 입이 뻣뻣하고 혀가 둔한 자니이다."(출 4:10)라는 그의 고백은 분명히 위대한 지도자에 걸 맞는 근심의 무게감과는 거리가 멀어 보인다. 구약의 역사에 있어서 가장 위대한 사건의 주인공이었으며, 가장 뛰어난 지도자로 존경받았던 인물 모세가 말하는 능력이 부족했다는 표현은 무엇인가 엇박자처럼 느껴지는 부분이 있다. 하지만 남들에게는 정말 하찮아 보일지도 모르는 문제가 누군가에게는 목숨을 걸고 씨름할 만큼 절체절명의 난제가 될 수도 있다.

모세의 심리적 방황을 야기한 내외적 요인

어찌 보면, 장성한 모세가 히브리 노예를 학대하는 이집트 사람을 보고, 말로써 사람을 제압하기보다는 주먹이 먼저 나가버렸던 이유도 거기에 있었을 수 있다. 말이 잘 되지 않는 답답함으로 인해, 화가 나고, 말보다는 행동이 성급하게 드러났던 결과였을 가능성을 생각해 볼 수 있다.

그것이 아니라면, 나일강 물에 떠내려 오던 모세를 파라오의 딸이 건져준 덕분에 히브리인이면서도 이집트의 왕족처럼 궁전에서 교육을 받으며 성장하지만, 자신의 정체성에 눈 뜨게 되는 사춘기 시절에, 해외 입양아들이 동일하게 겪었을 정체성의 혼란을, 모세도 겪었을 것이라는 가능성을 생각할 수도 있다. 이집트인을 살해한 폭력의 문제를 모세 자신의 내면에 잠재되어 있던 심리적인 혼란을 폭발적으로 분출한 사건으로 해석하는 일도 가능하다. 만약 이집트인들이 그의 출생의 비밀을 알았다면, 아무리 모세의 겉모습과 조건을 왕족처럼 꾸며 놓아도, 그는 이집트 사람들에게 한낱 히브리 노예의 핏줄에 불과한 사람으로 보였을 것이다.

혹은 남들이 그렇게 생각하지 않는다 할지라도 유모로 위장하여 자신을 길러준 어머니로부터 받은 교육을 통해 자신이 히브리인임을 알게 되었을 경우의 문제를 생각해 볼 수도 있다. 이집트인도 아니고 히브리인도 아닌 자신에 대한 혼란스러움 때문에 남들과 대화하고 자신감 있게 어울리기 보다는 스스로를 위축시키며, 말 수가 적은 소극적인 성품의 사람이 되었을 수 있다. 말하는 것은 훈련을 통하여 개선될 수 있는 문제이기에, 어쩌면 젊은 시절에 논쟁이나 대화의 훈련 기회가 그에게서 박탈되었거나, 혹은 스스로 그런 상황을 만들면서 성장했을 가능성도 있다. 모세의 어린 시절에 관하여 우리는 다만 이런 저런 상상을 할 뿐이다.

여기서 분명한 사실 한 가지는 모세가 스스로를 말하는 능력이 부족한 사람으로 생각하고 있었다는 점이다. 그러나 결국 출애굽의 해방과 구원 사건은 그처럼 말하는 능력이 부족했다는 지도자 모세를 통하여 이루어졌으며, 이 일은 하나님께서 이루어 가시는 위대한 역사가 단지 겉치레의 화려한 외모와 말이 아니라 진실한 능력을 통해 이루어지는 것임을 보여준다. 그 당시 이집트의 시대적인 분위기는 "요셉을 알지 못하는 새 왕"이라는 출애굽기의 기록에서 볼 수 있듯이 (1:8), 이전 시대 상황과는 확연히 달라져 있었다. 주전 18-16세기에 이집트 땅에 들어와 통치자 노릇을 하던 사람들은 셈족에 속한 '힉소스인'들이었다.

그들은 자신들도 본래 외국인이었기 때문에 요셉과 같은 히브리인도 민족과 출신 배경에 상관없이 그 사람이 가진 능력에 따라 높은 관직에 등용되는 일이 가능했다. 그러나 모세 당시의 이집트 왕들은 18왕조를 창건했던 이집트 원주민들의 후손이었으며, 셈족인 히브리인과는 다른 함족 사람들이었다. 그들은 힉소스족을 이집트 땅에서 완전히 축출한 후에, 힉소스족 통치시기에 이집트에 들어와 살던 다른 외국인들마저 추방하거나 노예로 삼아버렸다. 이집트 18왕조 시대는 이집트 원주민들만이 자유민으로 살아갈 수 있는 시대였으며, 파라오의 공주를 배후에 두고 있지만, 나일강에서 건져낸 모세의 과거를 안다면, 외국인에 대한 혐오감을 노골적으로 표출하던 이집트인들의 눈에 모세는 결코 호감이 갈 수 있는 인물은 아니었을 것이라는 점을 상식선에서 생각해 볼 수 있다.

그러한 성장배경을 가지고 있던 모세는 설상가상으로 학대받는 히브리 동족을 도우려다 이집트인을 살해하게 되었다. 이후에 그가 미디안 광야로 달아나서 갖게 되었던 직업도 하루 종일 양들만을 바라보고 살아야하는 '목동'이었다. 그 세월이 장장 40년이었다면, 양들을 앞에 놓고 연설이나 논쟁의 훈련을 하는 것은 더욱 어려운 일이 되었을 것이다. 말 못하는 모세에게 그나마 남아 있던 젊음의 패기와 용기마저도 흐르는 세월 속에서 마모되어 사라져버리고 말았다.

이런 형편의 모세에게 나타나신 하나님은 그에게 파라오 앞에 가서 하나님의 말씀을 전하고, 이스라엘 자손들을 해방하라는 명령을 내리셨다. 말하는 능력은 차치하고서, 어쩌면 파라오에게 해야 할 이집트어도 가물가물해졌을 모세에게 무작정 가서 '말하라'는 하나님의 명령은 무리수의 개념을 넘어서, 모세 개인에게는 순간적으로 심리적 공황상태를 불러일으킬만한 큰 문제가 되었을 수 있다. 이런 생각들을 하다보면, 모세가 어눌하다는 이유로 그 소명을 회피하려했던 이유를 충분히 공감할 수 있다. 그러나 모세 개인의 능력보다 하나님의 소명은 우선적인 당위성을 갖는다.

모세의 무능과 하나님의 전능

모세의 언변적 무능은 그의 입장에서는 약점이며 콤플렉스일 수 있지만, 하나님의 입장에서 보면 그분의 절대성과 전능하심을 유감없이 드러낼 수 있는 절호의 기회요 그분께서 마음껏 활동하실 수 있는 지면의 '여백'과도 같은 공간이었다. 결국 모세가 하나님을 처음 대면했던 그 사건은 그의 '무능'마저도 하나님에 의해 '여백의 미'로 바뀔 수 있는 '소명'에 관하여 말하고 있다. '소명'은 하나님의 부르심이다. 그것은 하나님과의 관계 속에서 자아의 정체성을 재정립하는 사건이기도 하다. 사람에게는 저마다 타고난 책임이 있으며, 하나님 앞에서만 찾을 수 있는 생의 의미가 있다. 이를 발견하는 사람에게 '능력'이나 여러 가지 기능적인 '조건'은 단지 부차적인 것이 된다.

이 '소명'에 대한 인식이 그 사람의 생을 새롭게 끌어갈 무한에너지와 같은 원동력이 될 수 있음을 구약에 기록된 모세의 생애가 보여 준다. 사람이 살아가다보면 누구나 인생의 어려움과 고난에 부딪힐 수 있다. 그 시기가 이를 수도 있고, 늦을 수도 있다. 모세도 그러한 과정들을 경험했지만, 그는 그가 가질 수밖에 없었던 절망의 조건들을 하나님과의 만남과 소명의 과정들을 통하여 극복해갔다. 모세는 자신의 약점에도 불구하고, 자신이 받았던 그 소명에 대한 확신 때문에, 파라오의 위협 앞에서도 굴하지 않을 수 있었고, 그의 권위를 의심하고 도전하는 모든 사람들의 적대감을 이겨낼 수 있었으며, 인격적인 모욕과 위기의 순간들도 넘어설 수 있었다.

반대로 모세와 대결구도를 벌였던 파라오는 모세와 비교해 볼 때, 질적으로나 양적으로 모세가 상대할 수 없을 만큼의 완벽한 조건을 구비했던 인물이었다. 출신 성분이 그러했고, 그에게 주어진 지위와 권력의 여건들이 그러하였다. 그의 마음마저도 스스로를 신으로 인식할 만큼 여백 없는 완전

함을 이루고 있었다. 이집트의 파라오는 자신을 신으로 선전하는 이집트의 종교관과 세계관 속에서 성장하였기에 어눌한 모세 같은 인물을 한없이 무시할 수 있었다. 재난이 벌어질 때마다 아홉 차례나 위기를 모면할 수 있었던 것은 달리 보면, 모세를 설득할 만큼 파라오가 말을 잘했다는 반증이 될 수 있지 않을까?

파라오는 이스라엘 백성의 해방을 약속하고, 말을 바꾸기를 수차례 반복하면서, 이집트 전체가 이미 망해 버렸다는 신하들의 지적에도 불구하고 자신이 패배하거나 실패할 수 있음을 인정하지 못했다(출 10:7). 스스로를 신이라고 믿었던 파라오에게는 자신의 자존심이 백성의 생존 문제보다 더 중요했다. 자신에 대한 자부심과 자존감이 지나쳐 다른 사람들을 소모품이나 자신을 위해 준비된 공짜 선물 정도로 생각하며 살아가는 지도자의 전형을 파라오의 모습 속에서 발견할 수 있다. 파라오와 비교해 볼 때 너무도 대조적이었던 모세는 처음에 하나님께 부름 받았을 때, 자신은 입이 뻣뻣하고 혀가 둔하며 지도자가 될 만한 위인이 아니기 때문에 보낼만한 자를 다시 찾아보시기를 하나님께 요구하였다(출 4:10-13).

그래서 이 자신감 없는 모세를 지도자로 선택하셨던 하나님께서는 그를 어르고, 꾸짖고, 그의 형 아론을 대변인으로 함께 보내겠다는 타협안을 제시하면서까지, 결국은 그를 출애굽의 지도자로 세우셨다. 그런데 기회가 있을 때마다 말 못한다고 했던 모세가(출 6:12), 어느 순간부터 파라오 앞에서 말하고 있고, 오히려 아론은 팔을 들어 이집트 사람들 앞에서 하나님의 기적을 행하고 있었다(출 8:6, 9). 때로는 모세가 파라오와도 말하고, 이스라엘 백성들과도 말하고, 백성의 지도자들과도 말하고, 하나님과도 말하는 사람으로 활약하였음을 증언하는 구약의 기록들이 참 재미있게 느껴지기도 한다. 아마도 자신이 몰랐던 그의 잠재력과 가능성을 하나님은 모세에게서 이미 발견하셨던 것이었나 보다.

이 과정에서 발생한 또 한 가지 역사의 아이러니는 유대교와 기독교의 공통 경전인 구약의 첫 다섯 권이 바로 이 '어눌한 지도자'를 통하여 기록된 것으로 전승되고 있다는 사실이다. 그가 기록한 하나님의 말씀들은 '토라'라는 이름으로 후세에 전달되었다. 토라에 속한 다섯 권의 책들은 '율법서' 혹은 '모세오경'이라고 불리기도 한다.

신앙은 언변이 아니라 삶이다

그런 면에서 구약의 지도자 모세는 신약의 지도자 사도 바울과 참 닮은 점이 많았다는 생각이 든다. "내가 비록 말에는 부족하나 지식에는 그렇지 아니하니 이것을 우리가 모든 사람 가운데서 모든 일로 너희에게 나타내었노라"(고후 11:6)라는 바울의 고백은 모세의 말이었다고 해도 믿을 수 있을 법하다. 그러나 역설적으로 구약의 모세와 신약의 바울은 공히 말만 잘하는 지도자가 아니라, 자신의 말 대신에 그들이 행하는 일과 삶으로 '하나님의 말씀'을 말하면서 살았던 사람들이다. 어쩌면, 그들의 부족함 때문에 하나님의 말씀이 더 잘 드러날 수 있었는지도 모를 일이다. 결국 남은 것은 그들 자신의 말이 아니라 하나님의 말씀이었다(벧전 1:24-25).

요즈음 우리 주변을 둘러보면, 모두가 자신을 남보다 좀더 부각시키기 위한 '스펙'(specification) 만들기에 뛰어들어 무한질주를 하고 있음을 쉽게 볼 수 있다. 교회의 사역자들을 포함한 수많은 성도들의 삶도 이와 많이 다르지 않아 보인다. 하지만 우리의 부족함을 메우고 보충하는 일에 지나치게 몰두하느라, '지금 여기서'(hic et nunc) 내 모습 그대로를 가지고, 우리를 통해 일하려고 준비하신 하나님의 그 부르심마저 알아차리지 못하는 '우'(愚)를 범하지 않도록 해야 할 것이다. 이를 위해 내 눈에 조금 부족하더라도, 스스로와 남을 덜 괴롭히고 참아줄 수 있는 여유와 마음의 여백을 찾는 일이 우리 모두에게 더 시급한 일이 아닐까?

자연과 사건들 속에서 의미와 뜻을 읽어낸 모세

혜촌 김학수, 〈갈라진 홍해 밑 새로 열린 길로〉, 1985, 수묵화, 80.4×54.5cm, 숭실대학교 한국기독교 박물관, 서울.

종살이에서 해방된 히브리인들의 행렬

혜촌 김학수 화백은 삼천오백여년 전에, 이스라엘 민족에게 일어났던 한 사건을 수묵화로 표현하였으며, 나름대로의 방식으로 그 역사의 현장과 지도자 모세의 모습을 그려내었다. 갈라진 홍해 바다 밑을 힘차게 행진하는 사람들의 행렬과 창공으로 훨훨 날아가는 새들의 모습은 하늘과 갈라진 홍해의 마른 땅 위에 평행한 선을 그리며 대비를 이루고 있다. 애굽의 종살이에서 해방된 히브리인들의 한없는 '자유'와 가슴 벅찬 '감격'을 상징적으로 보여주는 듯하다. 그들의 얼굴이 향하는 방향은 이제 더 이상 뒤가 아니다. 어떤 이는 무릎을 꿇고 모세를 바라보기도 하고, 또 다른 이는 손을 들고 하늘을 우러러 보기도 하지만, 뒤를 돌아보는 이들은 없다.

대부분의 사람들이 움직이는 방향과 시선은 앞을 향해 있고, 하나님께서 열어 가시는 미래를 향하고 있다. 그 앞은 하나님의 미래이며, 젖과 꿀이 흐르는 약속의 땅이며, 그 자체로서 희망이다. 아래쪽의 가운데 어깨동무를 한 아이들의 모습이 정겨워 보이지만, 그 봇짐의 덧댄 헝겊 자국은 가난하고 고단했던 이집트에서의 노예생활을 짐작케 한다. 저 멀리 갈라진 홍해 바다 건너편에 펼쳐진 새로운 세상은 보이지 않는다. 그러나 아기를 품에 안고, 짐을 이고 진 가족들의 모습 속에서도 우리는 새 시대의 희망을 엿볼 수 있다. 검은 머리카락의 그림 속 모세는 홀로 지팡이를 꼭 쥔 손을 들고 서 있다. 과연 이 그림을 그리던 화가의 마음속에 떠올랐던 기억의 장면들은 무엇이었을까?

작가의 피난 경험 투영

혜촌은 이스라엘 민족이 애굽의 종살이에서 해방되었던 것처럼, 우리 민족이 1945년 8월 15일에 일본의 패망으로 그들의 식민통치에서 벗어나 해방을 맞이하는 역사의 극적인 순간을 경험하였다. 그로부터 5년 후, 젊은 가장이었던 혜촌은 북쪽에서 6.25전쟁의 광풍을 맞이하였고, 그 역사의 소용돌이에 휘말리게 되었다. 그는 가족과 함께 피난길에 올랐지만 홀로 임진강을 건너 남하하였으며, 평생을 북한에 두고 온 아내와 가족을 그리며 살다가 소천하였다. 삼삼오오 가족의 손을 붙잡고 강을 건너서 이집트 탈출의 발걸음을 옮기는 사람들을 바라보는 모세의 모습은 피난하는 다른 가족들의 모습을 바라보며, 혼자서 강을 건너야 했던 화가 자신의 모습을 투영해 주고 있는 듯하다. 그림 속 모세의 뒷모습 속에서 지팡이 대신에 붓을 꼭 쥐고, 한 평생 사랑하는 아내와 자녀들을 그리워하며 살았던 한 아버지의 시린 등과 젊은 시절 화가의 옛 모습을 그려본다.

채색 수묵화로 그린 〈갈라진 홍해 밑 새로 열린 길로〉에서 그리고 있는 사람들의 모습은 검은 머리의 모세로부터 시작하여, 모두가 젊게 보인다. 이 그림에서 누군가의 부축을 받으며 발걸음을 옮기는 노인들의 모습이 보이지 않는 점은 궁금한 부분이다. 맨 앞에 깃발을 들고 가는 사람들의 모습으로부터 그림의 가장 뒤에 따라가고 있는 양과 나귀들까지도 발걸음이 무척 가벼워 보인다. 구약성경에서는 하나님께서 계획하시고, 준비하시고, 이루어 가셨던 그 구원의 사건 속에 이스라엘 자손들만이 아니라 함께 종살이를 하며, 이집트의 압제 밑에서 살던 여러 민족의 사람들이 동참했다고 전하고 있다. 뿐만 아니라 이집트 땅을 탈출했던 사람들과 그들의 해방의 대열에는 가축과 동물들도 함께 하였다(출 12:38).

해방과 구원을 위한 하나님의 말씀의 범위 안에는 사람과 동물들까지도 포함되어 있으며(출 23:11-12, 욘 4:11), 구약은 늘 하나님의 피조물들로서 모든 생명에 대한 관심을 보여준다(창 8:21). 그림 속에 나타난 양과 나귀와 다른 동물들의 모습은 이러한 구약의 내용과 출애굽기 본문을 연상할 수 있게 해준다. 그 방법과 겉모습은 비록 다를지라도 이 그림이 담고 있는 속뜻은 서양의 예술가들이 자기들의 방식으로 묘사했던 내용과 다르지 않다. 모든 것은 출애굽기의 내용과 구약의 말씀으로 연결되어 있다. 히브리어로 말씀을 뜻하는 〈다바르〉는 동시에 사건을 뜻한다. 역사 속에서 하나님의 말씀은 중간에 막힌 담을 허는 능력이며, 역사와 사회의 단절 속에 소통의 길을 만드는 기적이 되기도 하였다.

출애굽기는 모세를 애굽의 궁정 문화를 알고 있으면서도 동시에 히브리인으로서의 정체성을 잃어버리지 않았던 사람이었다고 이야기한다. 또한 그러한 모세를 한 시대의 지도자로 하나님께서 부르신 사건을 기술하고 있다. 이와 비슷한 지도자의 모습을 신약시대에 로마 시민권을 가진 동시에 히브리인 가운데 히브리인으로서 정체성을 가지고 삶을 살다가 사도로 부름 받았던 청년 사울의 이야기에서도 만날 수 있다. 구약의 지도자 모세도, 신약의 지도자 바울도 세대와 문화와 인종과 국경을 넘나들며 하나님의 부르심과 사명을 감당했던 사람들이었다. 이들은 누구보다도 모든 장벽을 넘어서 소통할 수 있는 능력을 훈련받고, 준비했던 사람들이었다.

시대와 민족을 초월한 구원의 이야기

혜촌이 그림을 그렸던 1985년은 우리 민족이 가난의 굴레에서 겨우 벗어나, 경제적인 성장과 도약을 해가던 때였다. 하지만, 동시에 이 시기는 앞날을 가늠하기 어려웠던 암울하고 어두운 군사독재 시절이기도 하였다. 아직은 어두운 새벽녘에 바다 밑으로 난 길을 걸어가야 했던 이스라엘 사람들처럼(출 14:24), 이 땅에 살던 많은 사람들에게는 영혼의 구원만이 아니라 여전히 출애굽기가 전하고 있는 구체적이고 현실적인 해방과 구원의 메시지가 빛처럼 필요했던 때였다. 아직은 여전히 환하게 밝지 않은 미명의 시대였기 때문이다. 그런데 출애굽기는 희망이 없는 것처럼 보이는 시대에 희망을 이야기했다.

출애굽기는 힘도 없고 능력도 없어서, 세월의 기다림만을 만병통치약으로 알고 살아가는 무력한 이들에게 언제나 하나님으로 말미암는 새로운 구원의 역사가 이 땅 위의 현실 가운데서 일어날 수 있음을 보여주는 책이다. 모두가 다 똑같아 보이는 일상과 세상을 새롭게 볼 수 있는 눈을 열어주고, 변하지 않을 것 같은 세상과 역사 속에 하나님께서 만들어 가셨던 새로운 길을 보여주는 책이기에, 출애굽기는 시대를 초월하여 개인과 공동체 모두에게 언제나 희망과 구원을 꿈꾸게 하여주었다. 그러나 이 책은 동시에 사람들의 절망과 중독과 좌절과 포기를 통해 제 이익만을 챙기고 힘을 얻으려 하는 이들에게는 언제나 껄끄러운 책이었다.

일제 식민지 시대에 일본인들은 이 땅의 그리스도인들에게 출애굽기를 성경으로부터 제거할 것을 명령했다. 그들의 마음과 그러한 억지의 이유도 충분히 이해할만 하다. 그러나 꿈과 희망은 스스로 포기하지 않는 한, 외부의 압력이나 타인의 힘에 의해 꺾일 수 있는 것이 아니다. 출애굽기는 그러한 진리를 추상적인 신화가 아닌 역사를 통해 사람들에게 이야기해 준다.

먼 옛날 가나안 땅의 극심한 기근을 피해 야곱과 함께 이집트로 이주해 갔던 약 70인의 일가족은 그 땅에서 번성하여 히브리인 혹은 이스라엘이라고 불리는 한 민족을 이루게 되었다. 그들의 인구증가에 두려움을 느낀 이집트 왕과 지도자들은 이미 노예로 전락해버린 이 민족의 인구조절을 위해 노동을 간접적인 폭력의 수단으로 사용한 강제노역을 더욱 가중시켰다. 하지만 아무런 소용이 없었다. 이러저러한 대책을 강구하다가 자신의 계산대로 되지 않자, 파라오는 급기야 가장 신속하게 단기간에 효과를 거둘 수 있는 방법으로서, 직접적인 폭력의 수단을 사용하였다. 그것은 히브리 노예들의 영아를 살해하라는 명령이었다. 힘없는 노예들의 어린 생명은 나일강에 제물처럼 던져졌다.

이 사건은 이집트인들이 나일강의 신으로 믿었던 '하토르'(Hathor) 혹은 '크눔'(Knum) 등의 신들과 무관하지 않았을 것이다. 오랜 세월이 흘러 나일강에서 건져냄을 받은 모세는 이집트의 압제에서 이스라엘 민족을 해방시키라는 하나님의 명령을 받고 파라오 앞에 나서게 되었다. 이집트 땅에서의 전개되었던 열 가지 재앙은 나일 강에서부터 시작될 수 있는 자연 재해의 도미노 현상으로 이해할 수도 있을 것이다. 홍수로 인한 침전물의 부유현상과 물고기의 떼죽음, 이로 인한 개구리들의 이동과 이어진 파리와 모기떼의 번성과 전염병의 확산, 갑작스러운 기상이변으로 인한 농작물의 피해 등을 우연과 단순한 자연현상의 결과로 돌릴 수도 있겠지만, 모세가 기록한 오경의 본문은 이 모든 사건들이 그 땅으로부터 이스라엘 민족의 해방과 구원을 위해 하나님께서 이집트의 신들을 심판하시는 뜻을 갖는다는, 신학적인 의미를 부여하였다(출 12:12).

하나님은 힘 있는 자들의 난폭함과 무자비함을 결코 용납지 않으시며, 폭력으로 씨를 뿌린 이들에게는 폭력의 열매를 거두게 하신다는 사실이 이 역사의 기록을 통하여 선포되고, 세대를 지나 사람들에게 전달되어 왔다.

또한 하나님은 힘없고 무고한 이들의 슬픈 마음과 호소하는 소리들을 외면하지 않으시고, 그들의 목소리에 귀 기울이시며(출 2:23-25), 무서울 정도로 치밀하게 그들의 호소에 응답하셨음을 보여주는 사건들이 출애굽의 과정 가운데 그려지고 있다. 이 심판과 구원 사건의 절정과 마무리는 갈라진 홍해 바다를 이스라엘 자손들이 통과한 사건을 통해 이루어졌다. 히브리 노예들이 이집트를 탈출한 직후에 이집트 사람들은 겨우 안정을 되찾았지만, 자기들의 소유로 믿었던 사람들이 떠나는 것을 허락할 수 없다는 생각에 그들의 마음은 다시 굳어져버렸다. 언제나 그들에게 이스라엘 사람들의 힘겨운 현실은 외면해야만 하는 당연함이었다.

이집트 사람들에게 히브리인은 '사람'일 수 없었으며, 수백 년간 이집트 사람들의 편안함과 편리함을 보장했던 공짜 노동력이며, 노예와 재산으로서 살아주어야만 하는 '것'들이었다. 그들은 이스라엘 사람들을 다시 붙잡아 오기 위해 추격을 시작했다. 이렇게 해서 모세와 이스라엘 사람들은 뒤에서 쫓아오는 이집트 군대와 앞은 건널 수 없고 그럴 수 없어야만 하는 홍해로 가로 막히게 되었다. 그러나 하나님의 말씀은 이 가로 직선과 같은 홍해의 장벽이 마치 세로로 놓인 직선의 길처럼 두 개의 절벽 모양으로 갈라지고 세워지는 사건을 일으켰다.

자연과 사건 속에서 하나님의 뜻을 읽어낸 모세

이 시대에도 세상의 많은 부분에서 진정한 해방과 자유를 꿈꾸어야만 하는 수많은 사람들이 있고, 복잡한 인간관계들 속에서는 여전히 단절이 발생하고, 장벽이 높아지고, 두터워지기도 한다. 많은 사람들이 익명성을 보장받기 원하고, 자신이 원하는 것에는 관심을 집중하지만, 정작 다른 사람들에게는 마음을 기울일 줄 모른다. 때로는 다른 사람의 위기와 어려움마저 회피하고 외면함으로써 더 크고 비극적인 결과들을 초래하기도 한다. 지역과 지역의 단절, 세대와 세대의 단절, 계층과 계층 간의 단절 속에서 점점 더 높은 담을 쌓아가는 사람들은 다른 사람들의 이야기에 귀 기울이려 하지 않는다. 적을 만들고 아군을 구별하여 파당을 만들고, 너무도 수월하게 모든 상황을 전투적으로 몰아가기도 한다.

소통의 방법을 모르고, 사건의 의미를 해석하지 못하고, 사람들의 마음을 읽어내지 못하면, 자기보다 더 연약한 이들과 자연과 다른 피조물들의 형편을 헤아리고 그들을 돕고 싶어도 제대로 도울 수 없는 경우들이 발생할 수 있다. 모세는 이집트 왕자로서 삶을 살던 젊은 시절에 이집트인과 히브리인 사이에 갈등이 발생했을 때, 그들에게 관심을 가졌지만, 그들을 위해 살인까지 저질렀던 행동은 단지 자기 방식의 관심과 표현에 불과했음이 드러났고, 자신의 힘과 폭력의 빠른 수단을 사용하여 문제를 해결하려했던 무모한 시도로 판명되고 말았다. 결국 이 과정에서 살인을 저지른 모세는 그 일로 인하여 좌절을 경험하고 미디안 광야로 피신하였다.

그러나 모세는 이 사건 이후 40년간의 흐르는 세월과 광야라는 공간 속에서 자연과 마주하는 법을 비로소 배우게 되었다. 광야 생활의 기간 동안 그는 양떼를 보살피고 그 동물들을 기르기 위해서, 먼저 자신의 주관대로 행동하기보다 자연의 작은 변화와 바람의 방향과 기온의 차이를 눈여겨보고 움직여야했다. 오감의 감각을 살려서 마치 본능으로 반응하듯이, 먼저 하늘의 변화와 움직임을 세밀히 관찰하고 잘 파악한 후에, 목자는 방향과 일정을 판단하고 결정해야 했다. 어느 날 모세가 호렙산의 작은 떨기나무 한 그루를 바라보며, 그냥 스쳐 지나간 것이 아니라, 그 나무의 변화를 발견하고 다가갈 수 있었던 일은 혹시 자연과 교감할 줄 알고, 그들의 사소한 변화에도 주의를 기울일 줄 알았던 모세의 평소 삶을 보여주는 단적인 사건은 아니었을까?

모세는 이집트에서 벌어졌던 여러 가지 자연 재해와 기이한 현상들이 벌어지는 과정 가운데서도 하나님의 음성에 먼저 귀 기울이며 그 속에 담겨 있는 하나님의 말씀과 뜻을 읽어내었다. 예수께서는 언젠가 무화과나무와 모든 나무들의 싹이 나면 여름이 가까운 줄을 알듯이 세상의 어려움과 자연의 큰 변화들이 일어날 때에 하나님 나라가 가까이 온 것을 알라고 제자들에게 비유로 말씀하셨던 일이 있었다(눅 21:29-31). 또 예수를 시험하는 바리새파 사람들과 사두개파 사람들에게 아침에 하늘이 붉으면 날이 궂을 것을 알듯이 날씨는 분별할 줄 알면서도 시대의 표적은 분별하지 못하는 어리석음을 꾸짖으시기도 하셨다(마 16:2-4).

예수님의 비유말씀들은 그 시대의 지도자들에게 단순히 자연의 변화를 읽을 줄 알라는 가르침만을 담은 말씀이 아니었다. 지도자는 자연의 변화와 사건들 속에서도 그 의미를 찾을 수 있어야 한다고 이야기하신 것이며, 시대의 징조와 사람들의 마음을 읽어낼 수 있어야함을 말씀하신 것으로 알아들을 수 있다. 모세는 자신의 시대에 노예로서 살아가던 히브리인들의 삶을 당연한 것으로 받아들이지 않았으며, 그 속에서 인간이 인간을 억압하고 착취하는 삶의 부조리와 사회악을 발견하였다. 그리고 하늘에까지 다다른 사람들의 탄식과 고통의 신음 소리 가운데서 사람들의 불쌍함과 억울함을 묵고하지 않으시는 하나님의 마음을 읽어내었다.

모세는 또 다시 수많은 자연 현상들을 경험하면서 기다림을 배웠고, 그 변화들을 세밀하게 관찰함으로 때를 분별하는 능력을 몸으로 체득하였다. 그리고 그 삶 속에서 하나님을 만나고 이집트에서 종살이 하는 히브리 노예들의 해방의 때를 분별할 수 있었다. 예수님의 말씀과 모세의 생애는 지도자가 사건들 가운데서 사람들의 마음을 읽고, 그 의미를 해석할 수 있어야하며, 한 걸음 더 나아가 하나님의 뜻을 분별하고 순종할 수 있는 사람이어야 함을 이야기하고 보여주고 있다.

함께 걸어가는 길

코시모 로셀리(Cosimo Rosselli) 〈홍해도하〉(The Crossing of the Red Sea), 1483
Fresco, 400×248cm, 바티칸 시스티나 예배당.

악기를 연주하며 노래하는 미리암

이탈리아 화가 로셀리(Cosimo Rosselli, 1439-1507)의 〈홍해도하〉는 시스틴 예배당의 남쪽 벽면에 모세의 생애를 주제로 그려진 프레스코화들 가운데 하나이다. 이 예배당의 북쪽 벽에는 예수님의 생애를 묘사한 그림들을 대칭적으로 그려놓았다. 로셀리의 그림 상에 나타난 좌우의 극명한 대비는 이집트 군대의 멸망과 이스라엘 자손의 해방이라는 주제를 보여준다. 그림 중앙에는 조금 엉뚱해 보이는 기둥하나가 서 있는데, 이는 불기둥을 상징하는 것으로 알려져 있다. 배경 뒤편의 무지개는 이집트 군대에게 심판이 된 홍해의 물과 노아 시대 세상을 심판하는 수단이 되었던 대홍수를 연상할 수 있게 해준다. 하지만 무지개는 동시에 출애굽한 이스라엘 백성들의 가슴 속에 가득한 구원의 기쁨과 미래를 향한 희망을 보여주는 듯하다.

이 그림에서는 도포입고 삿갓을 쓴 예수님의 모습을 그린 운보 김기창과 예수님만 조금 달리 그렸던 혜촌 김학수의 그림에서처럼, 화가 자신이 살던 시대의 복장을 구약시대 인물들에 덧입혀서 표현한 특징들을 볼 수 있다. 이처럼 그림을 그린 화가들이 어느 시대에 속해있으며, 어느 나라 사람이었는가에 관한 정보를 그림 속에 묘사된 의복이나 기구들을 통해 얻게 되는 경우들이 종종 있다. 이 그림에서 우리는 특별히 악기를 연주하며 노래하는 미리암의 모습을 만날 수 있다. 화가는 이 그림에서 홍해 기적의 주인공으로서 모세의 모습만이 아니라, 그 사건에 동참하였던 여성 지도자 미리암을 함께 그렸다. 그림을 해석하는 사람들 중에는 모세와 함께한 미리암의 모습을 신약의 예수님과 '마리아찬가'(눅 1장)를 부른 예수님의 모친 마리아를 암시하는 것으로 보는 이도 있다.

하지만 구약 자체에서 이미 이스라엘 백성들이 홍해 바다를 건넌 구원의 사건 후에 모세와 미리암이 찬송을 불렀다는 기록을 찾아볼 수 있다. 출애굽기 15장에서 장문으로 기록된 모세의 찬양이 먼저 나타나지만, 학자들은 단문 형태를 가지면서도 출애굽의 주제를 요약해서 담고 있는 미리암의 노래를 보다 더 원형의 형태를 잘 보존한 찬양이라고 평가하기도 한다. 출애굽기 본문에서는 미리암이 '소고'로 번역된 악기를 손에 들고 춤추며 노래하였다고 기록하였지만, 화가는 그 당시의 악기로 보이는 하프를 앉아서 연주하는 모습으로 미리암을 묘사하였다.

시대와 장소에 따라 달라지는 표현 방법

 로셀리의 그림에서 미리암의 모습이 성경 본문과 조금씩 달리 나타난 점과 의복 등의 요소들은 화가 자신의 본문에 대한 재해석에 해당한다. 이처럼 그 시대와 장소에 따라 구약의 동일한 주제를 표현하는 방법들이 달라지고, 다양한 기법들을 통해 성경의 주제와 사건을 새롭게 묘사하고 해석하는 작품들이 나타나기도 한다. 예를 들어, 1956년에 찰턴 헤스턴(John Charles Carter, 1924-2008)이 모세로 분하였고, 율 부린너(본명: Taidje Khan, 1915-1985)가 파라오 역할을 맡았던 〈십계〉에서 출애굽기는 영상으로 표현되었으며. 여기서 모세는 백발을 휘날리던 강건한 노인으로 등장하였다. 마치 영화가 만들어졌던 시대상을 반영이라도 한 듯이, 냉전시대의 논리처럼 선악의 구분은 너무도 분명하였다. 영화에서 파라오는 악이었고, 모세는 선이었다.

 그 후로 40여년의 세월이 흐른 후에 만들어진 〈이집트왕자〉(1998)는 동일한 출애굽기의 이야기를 내용으로 삼았지만 그 표현 방식은 획기적으로 달라졌다. 이 영화는 만화로 제작되었으며 '만국 공통의 언어'라고 할 수 있는 음악을 뮤

지컬 형식의 도입을 통해 전면에 부각시켰다. 음악의 특징은 '소통'이라고 할 수 있다. 언어와 민족과 성별과 나이의 차이에도 불구하고 음악은 모두의 공감을 이끌어내고 하나의 감동으로 다양한 사람들을 이끌어 가기도 한다. 〈이집트 왕자〉의 첫 노래는 히브리 노예들의 노동 현장에서 울려퍼지는 남성 합창이다. 이집트에서의 고역을 이야기하며, 하나님께서 조상들에게 말씀해 주셨던 약속의 땅에 관한 내용을 노래한다.

노예들의 합창과 함께 연결된 모세의 어머니 요게벳의 독창은 '인도'와 '구원'이라는 주제를 드러내 준다. 인도와 구원은 이 영화와 출애굽기의 주제였다. 이 영화의 흐름과 내용 전개에서 노래는 단순한 형식만이 아니라 필수적인 요소이다. 파라오 람세스의 노래를 시작으로 이집트에서 벌어졌던 열 가지 재앙들도 합창 가운데 전개되며, 모세의 독창을 통해 하나님의 말씀이 이집트 땅에 선포된다. 출애굽의 순간에도 사람들은 합창을 하고, 홍해바다를 무사히 건너고 난 후에도 사람들의 합창 소리가 다시 시작되면서 영화의 엔딩 장면으로 연결되었다. 마지막의 여성 독창 한 구절은 '우리를 인도하소서'라는 기도문에 해당한다.

이 노래는 매우 단순하고 간략하지만, 결국 이 출애굽 역사의 주권은 모세라는 인물의 업적이 아니라 하나님께 속한 것임을 암시하는 의미를 담을 수 있다. 동시에 여성이 부르는 이 노랫소리를 통해 출애굽의 지도력 역시 모세의 독재가 아닌 여성들의 동역이 포함된 과정이었음을 말해준다. 그런 점에서 이 영화는 미리암의 이미지와 역할을 노래를 통하여 극대화 시켜 표현한 것이라는 평가를 할 수 있다. "믿음이 있으면 기적은 이루어진다"는 미리암의 노랫말은 구약의 본문과는 다르지만 하나님을 향한 신앙을 간접적으로 표현하고 있다. 〈이집트 왕자〉에서 매우 인상적인 특징 하나는 모세를 노래하는 사람으로 묘사했다는 점이다. 이집트에 내린 열 가지 재앙의 과정에서 모세는 파라오와 주고받는 대화 형식의 노래를 진행한다.

신학적인 의미에서 열 가지 재앙은 히브리 민족의 구원을 위한 조치인 동시에 다른 민족에 대한 비인도적 억압과 착취를 일삼은 이집트에 대한 심판의 사건이었다.[6] 구약에서는 이 일들이 이집트의 신들에 대한 심판의 의미도 함께 담고 있다고 말한다. 이로써 구약은 온 세계에 편만한 하나님의 절대 주권의 주제를 다시 한 번 확인하고 있는 것이다. 이 과정에서 모세는 노래를 부른다. 히브리 노예들을 절대 풀어줄 수 없음을 주장하는 형 람세스와 히브리 사람들의 해방을 주장하며, 하나님의 말씀을 대언하는 모세의 주장은 가사의 내용만큼이나 첨예한 대립의 양상을 보여준다.

합창과 모세와 파라오의 이중창과 각자의 독창이 어우러지면서, 이집트에 내려졌던 열 재앙의 내용들은 영화 속에서 매우 박진감 넘치고 속도감 있게 전개되었다. 율법서에서 보여주고 있는 모세는 끊임없이 사람들과 대화하고, 하나님과 대화하는 사람이었다. 그런데 그의 생애 끝자락에 이스라엘 자손들에게 마지막 메시지를 선포하는 과정에서 모세는 노랫말로 사람들에게 교훈했다는 기록이 등장한다(신 31:30). 노랫말로 모세의 유언과도 같은 마지막 교훈이 전달되었다는 점은 사람들이 오랫동안 기억할 수 있도록 하는 조치라는 측면에서 교육적인 효과를 생각할 수 있는 동시에 그만큼 메시지의 전달을 위한 효과적인 수단을 사용하였다는 점에서 지도자로서 모세의 사람들에 대한 배려와 그들과의 소통을 위한 노력의 흔적을 엿볼 수 있게 해준다.

함께하는 동역자로서 여성의 모습

로셀리는 출애굽의 역사 가운데 가장 중요한 순간을 포착한 그의 그림에서 노래하는 여성 미리암을 놓치지 않고 묘사하였다. 구약 본문에서는 '선지자'라는 칭호를 통하여 출애굽 사건 당시에 미리암에게 부여되었던 지도자로서의 비중이 어느 정도였는가를 엿볼 수 있게 한다(출 15:20). 이 그림에서는 드러나지 않지만 출애굽 사건의 과정에서 중요한 역할을 했던 또 한 사람의 여성이 있었다. 모세의 아내 십보라가 그 인물이다. 출애굽기 본문에서는 십보라가 모세를 위해 결단력을 보여주었던 일화 한 가지를 소개하고 있다. 모세가 어렵게, 어렵게 마음을 정하고 그 소명을 위해 파라오가 살고 있는 이집트 땅을 향해 출발했을 때, 그에게 또 한 번의 위기가 찾아왔다.

아내 십보라와 함께 아들들을 데리고 길을 나섰던 모세를 하나님께서 만나 죽이려 하신 일이 벌어진 것이다. 출애굽기 4장에서는 그 순간 십보라가 아이들에게 할례를 행하여 포피를 모세의 발 앞에 던져서 그 순간을 모면하게 되었다고 기록하고 있다. 그 이유에 관하여는 여러 가지 해석들이 제시되었다. 모세가 여러 차례 하나님의 명령을 거절했기 때문에 하나님께서 진노하셨던 것이라는 해석도 있고, 미디안 사람이었던 십보라가 히브리인 모세의 의견에 반대하여 그 때까지 아이들에게 할례를 하지 못하게 했다는 해석도 있다. 구약에서 할례는 하나님과 하나님의 백성 사이에 세워진 언약의 표징으로서 의미를 갖는 중요한 일이었다(창 17:9-14).

이를 행하지 않는 사람은 죽을 것이라는 경고가 모세에게도 적용되었던 것일 수도 있다. 하지만 만약 자신의 자녀들에게는 할례도 행하지 않은 채로 자신의 동족인 히브리인들 앞에 나타나 하나님의 말씀과 뜻에 순종할 것을 요구하며 해방의 지도자로 나섰는데, 후에 그런 사실이 밝혀지게 된다면, 모세 자신이 매우 곤란해 질 수 있었을 것이다. 자기도 실천하지 않은 하나님의 명령을 지도자가 사람들에게 따르라고 요구하는 것은 모순된 일이기 때문이다. 혹은 모세가 감당해야할 소명이 그의 생명을 담보로 할 정도로, 그만큼 막중한 것이라는 사실을 모세의 가족 모두에게 알려준 의미를 가졌던 사건이었을 수도 있다. 사건의 의미가 어찌되었든, 모세 자신은 죽음의 순간을 경험하고, 자신의 아들들은 할례를 받은 이 일들 통해 그가 공인으로서 활동할 준비가 모두 끝났다. 어쩌면 이 사건은 하나님에 의해 마지막으로 예비 된 공식적인 통과의례였을 수 있다.

그의 조상 아브라함이 약 오백여년 전에 하나님으로부터 받았던 할례의 명령과 그 불순종에 대한 경고처럼, 그가 앞으로 받게 될 하나님의 모든 율법과 말씀들이 얼마나 엄중한 것인가를 몸으로 체득한 사건이 되었을 것이다. 이 사건 속에서 십보라는 순간적인 판단력과 적절한 행동을 통해 남편 모세를 구원한 인물로 묘사되었다. 구약에서 그에 관한 언급은 후에 모세와 파라오의 대결이 펼쳐지는 동안 친정에 피신해 있던 십보라를 모세의 장인이 출애굽한 모세에게로 데려왔다는 이야기에서 한 번 더 나타나고(출 18장), 그 이후에 그에 관한 이야기를 더 이상 발견할 수 없다. 그럼에도 불구하고 출애굽 사건의 전체적인 과정에서 각자의 역할을 했던 모세와 아론과 미리암과 십보라라는 인물들을 통해 구약은 남성과 여성이 함께 하는 지도력의 모습을 보여주고 있다.

15세기에 로셀리가 그림으로 그렸던 미리암의 모습과 20세기에 영화와 애니메이션으로 만들어진 작품들에서 그렸던 미리암과 여성들의 모습은 많은 차이를 보여주고 있지만, 전체적으로 볼 때 이 작품들은 출애굽 사건이 단순히 모세와 동역자 아론이 함께해서 이루어낸 남성들의 전유물이 아니라 여기에 여성들이 함께 동참하였다는 사실을 분명하게 묘사하고 있다. 이러한 특징은 구약의 본문에서 강조되어 왔던 부분은 아니라고 할지라도 작품들 속에서 재해석된 출애굽기의 면모를 잘 보여주는 것이다.

우리가 살아가고 있는 이 시대에 여러 분야에서 여성들이 두각을 나타내는 경우들을 많이 볼 수 있으며, 여성의 사회 진출 기회도 과거에 비해 늘어난 것이 사실이다. 하지만 성적인 차이에 따른 차별이 일반 사회만이 아니라 교회에서도 여전히 존재하는 현실 속에서 우리는 살아가고 있다. 이러한 현실의 문제들을 개선하고 해결하기 위해서는 무엇이 기독교적인 사고방식이며, 어떤 것이 사람에 대한 성경적인 생각인지를 그리스도인들이 먼저 말씀 속에서 깨닫고 확인할 수 있어야 한다. 구약에서는 하나님께서 사람을 창조하실 때 하나님의 형상대로 남자와 여자를 창조하셨다고 선언하였다. 이 말씀 앞에서 남성우월주의는 설자리를 잃는다.

창세기는 남성과 여성이라는 성적인 구분이 아니라 사람 자체에 처음부터 하나님께서 부여하신 인간의 존엄성이 깃들어 있다는 사실을 '하나님의 형상'(imago Dei)이라는 개념을 통해 표현해 주었다. 또한 출애굽기는 출애굽의 위대한 사건에 나타난 지도력이 모세 독단이 아니라 아론과 미리암이 함께 동참했던 공동체적인 성격의 지도력이었음을 보여준다. 이 시대에 필요한 지도자 역시 여러 가지 비본질적인 잣대를 가지고 사람을 차별하는 사람이 아니라 사람을 그 자체로 보고 분별할 줄 아는 능력을 갖춘 사람이어야 할 것이다. 절대적 권력을 유지하고 지도력을 독점하기 위해 없던 적도 만들어가고 공동체를 분열시키는 능력이 아니라 자신의 지도력을 함께 나눌 줄 알고, 사람 사이에 막힌 담들을 허물어 화합을 이루어 함께 걸어가며, 더불어 살아가는 삶에 대하여 사람들에게 보여주고 말해줄 수 있는 능력을 가진 사람이어야 한다.

3부
하나님의 사람,
소통과 공감의 지도자

사랑의 눈으로 세상을 바라보다

샤갈(Marc Chagall), 〈십계명 두 돌 판을 받는 모세〉 (Moïse recevant les Tables de la Loi), 1962, oil on canvas, 45.5×50cm.

하나님과 이스라엘의 관계

샤갈은 〈십계명 두 돌 판을 받는 모세〉라는 제목으로 여러 장의 그림을 그렸다. 1962년에 그린 이 그림은 연대순으로 보았을 때, 노란색채의 특징을 보여주는 동일 제목의 모세 그림(1960-1966)이 아직 완성되지 않았던 시기에 그려진 것임을 알 수 있다. 크기에 있어서도 후자의 화폭이 238×234(cm)이었던 데 비해, 전자는 45.5×50(cm) 크기로 그려졌으며, 그림의 내용에서도 여러 요소들을 묘사한 것이 아니라 단순하게 모세가 십계명을 받는 장면 하나에 초점을 맞추었다.

먼저 오른쪽 상단부의 노란색 타원 부분으로부터 나온 손은 하늘로부터 십계명을 전달하는 하나님의 손을 뜻하며, 하나님의 형상을 묘사하지 말라는 유대교 율법의 전통을 반영하여 하나님의 얼굴 대신에 손으로만 하나님의 이미지를 표현한 것으로 해석할 수 있다. 그 반대편의 새는 검은색 까마귀의 모습이며, 이 새는 노아 시대의 대홍수 때에 비가 그치고 나서 뭍이 드러났는지를 확인하기 위해 날려 보냈던 까마귀의 이미지와 겹쳐져 보인다. 이 그림에 관한 해석들 가운데 십계명을 노아의 방주에 난 창문으로 본 해석은 가장 큰 공감을 불러 일으킨다.[7] 새를 매개체로 하여 청색의 바탕색에서는 물의 이미지를 볼 수 있고, 그렇다면 흰색으로 표현된 십계명 서판은 노아의 방주에서 밖을 내다 볼 수 있었던 창문의 의미로 우리에게 다가올 수 있다. 이 창문은 노아가 그것을 통해 세상을 바라보았던 통로였으며 하나의 틀이었다. 이는 다시 세상을 바라볼 수 있는 하나의 세계관으로서 상징성을 갖는다.

1962년은 샤갈의 나이가 육십 대 중반으로 접어든 시기에 해당한다. 이 때 그는 이렇게 작고 단순해 보이는 그림 속에서 창세기의 내용과 출애굽기의 내용을 연결시켰을 뿐만 아니라, 십계명에 대한 상징적인 표현을 통해 그 속에 담겨 있던 신학적 의미를 드러내 주었다. 시내산에서 모세를 통해 전달된 십계명과 율법은 신이신 하나님과 사람인 이스라엘 자손들이 그 사이의 질적인 차이에도 불구하고, 하나님이 이스라엘의 하나님이 되시고, 이스라엘은 그분의 백성이 되는 상호적인 관계의 기반이 되었다. 이 이야기의 내용은 먼저 구약의 출애굽기에서 구체적으로 만날 수 있다. 출애굽기의 십계명 가운데 안식일을 거룩하게 지키라는 명령은 창세기에서 기록했던 7일간의 천지창조 일정과 내용을 배경으로 하고 있다.

육일 동안 천지를 창조하신 하나님께서 일곱째 날에 안식하셨기 때문에 사람들도 쉬어야 하고, 그에게 속한 노비와 모든 가축도 휴식을 취해야 한다는 것이다. 노동과 휴식은 하나님의 창조 섭리에 속한 질서이며, 하루를 충분히 쉴 수 있는 것은 그날이 하나님의 거룩한 시간임을 경험하고 피조물을 향하신 하나님의 은혜와 복을 누릴 수 있는 길이라는 창세기의 교훈(창 2:2-3)이 출애굽기의 안식일 계명에 고스란히 반영되어 있다(출 20). 하지만 신명기본문에서는 동일한 십계명의 내용을 기록하면서도, 안식일 준수 명령의 근거를 다른 배경 속에서 해석하는 시도를 보여준다. 이스라엘 자손들이 이집트에서 종살이를 했었기 때문에 하나님께서 그들에게 허락하신 해방의 의미를 되새기며 안식일에는 일을 멈추고 휴식을 취해야 한다는 설명을 통해 이 명령의 근거로서 출애굽의 구원사건을 새롭게 제시하였다(신 5). 출애굽기와 신명기에는 이렇듯이 동일한 십계명을 수록하면서, 십계명을 해석하고 이해하는 시각을 달리해서 그 의미를 전달해 주었다. 마치 다른 모양과 다른 색체의 창문을 통해서 하나의 대상을 바라보는 듯한 결과를 만날 수 있다. 구약의 두 책에서 이처럼 서로 다른 시각을 비교해 보는 것도 흥미로운 일이다.

하나님을 닮아감

십계명에 관한 또 다른 관점의 해석과 이해를 볼 수 있는 본문이 구약에는 하나가 더 있다. 바로 레위기 19장이다. 여기서는 먼저 이스라엘의 하나님이 거룩하신 분이기 때문에 그분의 백성인 이스라엘도 거룩해야한다는 명령을 대명제로 제시하고 있다. 구약의 윤리 문제에 있어서 핵심적인 개념은 '하나님을 닮아감'(immitatio Dei)의 주제이며, 거룩함에 관한 레위기의 명령은 '하나님 닮음'의 의미를 내포하고 있다. 이 주제의 기원은 거슬러 올라가면, 하나님의 형상대로 인간이 창조되었다는 창세기 1장의 내용과 연결되어 있음을 알 수 있다. 거룩함의 명령에 이어지는 레위기 19장의 본문들은 사람이 거룩하게 산다는 것이 무엇인지를 명령문 형태로 구체적이면서도 세밀하게 지시한 다양한 내용들을 수록하였다.

이 세부적인 내용들 가운데에 십계명의 명령들이 흩어진 형태로 나타나고 있으며, 레위기 19장의 전반부에서는 하나님 사랑에 해당하는 십계명의 명령들 몇 가지가 먼저 나오고 나서 사람 사이의 관계에 관한 명령들이 나타나는데 전반부의 마지막 구절은 자기 자신을 사랑하듯이 이웃을 사랑하라는 이웃사랑에 관한 명령이다(레 19:18). 레위기 19장은 데칼코마니 기법과 같이 한쪽에 그린 그림이 지면의 다른 쪽에 똑같이 찍혀지듯이, 전반부의 내용들이 후반부에서 반복되는 구조적인 특징을 보여주는데, 그 내용들 가운데 안식일을 지키라는 명령도 포함되어 있고(19:3, 30), 예수님이 강조하셨던 이웃 사랑의 명령도 여기에 포함되어 있으며, 반복된 형태로 기록되어 있다(18, 34).

이러한 구조를 통해 레위기 19장은 하나님의 자녀들이 거룩하게 살아가는 삶에는 십계명을 실천하는 구체적인 내용들이 포함되어 있으며, 다른 사람과 피조물들을 사랑하고, 하나님을 사랑하며 살아가는 생활 속에 거룩한 삶의 길이 있음을 교훈하고 있다. 출애굽기와 레위기와 신명기에 기록된 십계명은 표현 방식과 해석을 조금씩 달리 했지만 동일한 주제를 담고 있다. 바로 하나님 사랑과 인간 사랑의 주제들이다.

유대인들은 십계명을 다섯 개씩 기록된 명령으로 구분하였으며, 그 가운데 부모를 공경하라는 다섯 번째 계명을 윤리적인 의미보다는 종교적 의미를 담은 명령으로 이해하였다. 왜냐하면 생명의 탄생 과정에는 부모와 아이와 하나님이 관계되어 있으며 부모를 공경하는 것은 궁극적으로 생명의 창조자이신 하나님을 공경하는 일과 연결된 것이라고 보았기 때문이다. 따라서 십계명의 처음 다섯 계명은 하나님과의 관계 속에서 사람이 하나님을 어떻게 사랑해야 하는 것인지를 말해주고 있으며, 나머지 다섯 계명은 다른 사람들과의 관계 속에서 사람을 어떻게 사랑할 수 있는지에 관한 이야기로 구분해 볼 수 있다.

십계명에 담겨 있는 내용들은 샤갈이 그의 그림에서 표현했던 것처럼 하나님 사랑과 이웃 사랑이라는 각각의 창틀을 가진 하나의 유리창문과 같다고 비유할 수 있으며, 그러한 사고의 틀과 시각을 가지고 이 세계를 바라볼 것을 요구하는 구약의 핵심적인 가르침을 노년의 샤갈은 단순하고 작게 보이는 그의 그림 속에 참으로 잘 표현해 주었다는 생각이 든다. 샤갈의 그림 속에는 창세기와 출애굽기의 내용이 담겨 있고, 그가 묘사한 두개의 십계명 서판에는 십계명에 대한 샤갈의 이해와 해석이 신선하고 새로운 이미지로 표현되어 있다.

유대인들과 기독교인들은 십계명에 율법의 핵심적인 의미와 정신이 요약되어 있다고 보아왔으며, 십계명에 담겨 있던 하나님과의 관계와 이웃과의 관계에 관한 가르침은 예수 그리스도께서 명하셨던 사랑의 새 계명 안으로 그대로 흘러들어가고 있음을 신약의 복음서와 여러 책들에서 확인할 수 있다. 구약은 십계명으로 요약될 수 있는 모든 율법을 모세가 시내산에 올라가 하나님께로부터 직접 받은 것이라고 이야기해주고 있으며, 샤갈은 그의 그림에서 하나님께로부터 받은 십계명의 돌 판을 품에 안듯이 두 손으로 감싸 안는 모습으로 받고 있는 모세의 모습을 그려주었다. 이 그림에서는 모세의 손과 얼굴만이 묘사되어 있다. 이 사람이 모세라는 점은 십계명을 받은 손과 머리 위로 뻗어 올라간 빛줄기를 통해서 확인할 수 있다.

십계명, 세상을 바라보는 창

그의 큰 눈망울은 십계명을 내려주시는 하나님을 바라보면서 동시에 창문의 유리처럼 그려진 십계명의 두 서판을 통해 세상을 바라보고 있는 듯하다. 하지만 그 십계명은 그의 그림에서 볼 수 있듯이, 두 장의 유리창이 나란히 놓여 있는 것처럼 함께 주어졌지만, 그 내용은 동일한 순서로 배열되어 있다는 사실도 잊지 말아야 하겠다. 하나님 사랑이 먼저이고, 이어지는 것은 이웃 사랑의 내용이다. 구약은 십계명의 주제와 내용만이 아니라 이러한 순서로 기록된 틀 전체가 하나님께로부터 주어진 것임을 말하고 있다. 하나님과 사람의 바른 관계라는 우선순위의 문제가 먼저 정립된 바탕 위에서 사람과 사람 사이의 바른 관계가 세워져 갈 수 있다는 의미를 십계명의 내용과 순서에서 발견할 수 있다.

이러한 교훈의 구조는 예수께서 산상수훈의 가르침을 제자들에게 전하실 때, "너희는 먼저 그의 나라와 그의 의를 구하라 그리하면 이 모든 것을 너희에게 더하시리라"(마 6:33)라는 말씀으로 하나님의 뜻을 구하는 일에 우선순위를 둘 것을 요구하셨던 명령에서도 나타난다. 샤갈의 그림 속에서 지도자 모세는 십계명을 받는 사람으로 묘사되었으며, 그의 그림 속 십계명은 창문의 모양으로 표현되었다. 샤갈의 그림 속에서 십계명을 모세에게 주고 계신 하나님께서 만약 그에게 음성으로 말씀하셨다면, 그 말씀은 아마도 그 창문으로 세상을 바라볼 때 지도자는 하나님을 사랑하는 마음으로 사람을 바라보고, 사람을 사랑하는 마음으로 모두를 바라보아야한다는 이야기였을 것이다.

  이 세상 속에서 살아가는 하나님의 자녀와 백성들도 그림 속 모세처럼 하나님을 바라보며, 세상을 바라보되 하나님 사랑과 이웃 사랑의 시각으로 이 모든 것을 바라보고, 생각하며 살아가야 할 존재들로 부름 받은 사람들이라는 사실을 샤갈은 이 그림을 통하여 우리에게 말하고 있는 것일 수 있다. 그의 그림은 화가 자신이 가지고 있던 세상을 바라보는 시각과 함께 하나님의 백성으로서 살아가는 모든 이들이 무엇인가를 바라볼 때 가져야할 시야를 그림 속 유리창에 투영시켜 주고 있다. 그것은 다름 아닌 '사랑'이었다.

"어렸을 때부터 나는 성서에 매료되었습니다.
나는 성서야말로 시대를 불문하고 시문학의
가장 위대한 원천이라고 믿었으며,
지금도 그렇게 믿습니다.
이후 나는 늘 성서를 삶과 예술에 반영하고자 했습니다.
성서는 자연의 메아리이며,
내가 전달하고자 한 것도 바로 그 비밀입니다...
(중략)
... 삶에서처럼 예술에서도 사랑에 뿌리를 두면
모든 일이 가능합니다." [8]

- 샤갈 -

미완의 사역을 하나님 앞에 내려놓은 모세

귀스타브 모로(Gustave Moreau, 1826-1898) 〈약속의 땅이 보이는 곳에서의 모세〉(Moise en vue de la terre promise), 1854, 소묘, 38.5×20.3cm, 귀스타브모로 미술관.

'신 벗음'의 의미

귀스타브 모로(Gustave Moreau, 1826-1898)가 그린 〈약속의 땅이 보이는 곳에서의 모세〉(Moise en vue de la terre promise)는 미완성작이다. 불이 붙었으나 타지 않는 떨기나무를 호렙산에서 처음 바라볼 때처럼 모세는 지팡이를 들고, 신을 벗으려하고 있다. 얼굴 위에 빛은 여전히 남아 있지만, 그는 가나안 땅으로 출애굽 첫 세대의 이스라엘 백성들을 이끌고 들어가지 못했다. 그의 사명이 미완으로 끝난 것처럼, 모로의 모세도 미완성인 채로 남았다.

귀스타브 모로는 인상파 화가들이 풍미하던 시기에 프랑스에서 작품 활동을 했으며, 그들의 화풍과 구별되는 상징주의적인 그림들을 그렸다. 그는 성경과 신화의 이야기들을 자신의 마음으로 느낀 대로 표현하였으며, 그러한 자유로움을 모세 그림에서도 찾아볼 수 있다. 신명기 마지막 부분에서 약속의 땅을 바라보고 죽음을 맞이하게 되는 모세 이야기는 그의 모습에 관하여 상세하게 설명하지 않았다(신 34장). 그러나 그가 그린 모세의 얼굴에서는 슬픔이 묻어난다. 그의 모세는 단순하게 슬픔의 감정에만 충실하지 않고, 동시에 손으로 신을 풀고 있다. 모로가 상상한 '신 벗음'의 상징성은 이 그림의 메시지를 풀어가는 열쇠가 될 수 있다.

구약의 룻기에서 소개한 '고엘' 제도에 따르면, 신을 벗은 행위는 어떤 사람에게 부여되었던 책임을 포기한다는 의미를 갖기도 했다. 농업이나 목축업처럼 남성들의 힘이 요구되는 일들이 주요 산업이었던 고대 이스라엘 사회에서 '고엘' 제도는 자녀가 없이 남편을 잃은 여성의 생존권을 보장해주기 위한 최소한의 사회보장제도였다고 할 수 있다. 그 경우에 형제나 가장 가까운 친족이 본 남편의 가문을 이을 수 있도록, 그 여성을 아내로 맞이하고, 그 여성의 생계를 책임지는 제도였다. 하지만 본래 이 의무를 감당해야할 남성이 책임지기를 거부하는 경우에는 신을 벗어 줌으로써 다음 사람이 그 책임을 인계받도록 하였다. 이 경우에 신발을 벗음은 책임에 관한 일종의 포기 행위로 해석할 수 있었다.

모세의 마지막과 하나님의 시작

그림 속 모세의 왼발에서는 이미 신이 벗겨져 그의 지팡이 아래 떨어져 있다. 처음에 그를 대면하셨던 하나님은 그에게

신을 벗으라고 요구하셨다. 왜냐하면 모세가 하나님을 만난 호렙산의 그 땅은 거룩한 곳이었기 때문이라는 것이다(출 3:5). 하지만 여호수아가 여리고 부근에서 하나님의 사자를 만났을 때에도 동일한 명령이 등장한다(수 5:15). 그렇다면 이 경우에 '신을 벗으라'는 명령은 호렙산이나 여리고 자체의 거룩성 때문이 아니라 하나님의 거룩성 앞에서 사람이 취해야할 겸손의 태도에 관해 하신 말씀으로 그 의미를 해석할 수 있다. 제사장의 복장에 관한 구약의 규정들 가운데서도 신발을 언급하지 않았다는 사실은 성소의 제사장들도 신을 벗고 있었음을 반증하는 내용일 수 있으며, 동일한 맥락에서 '회막'은 하나님 앞에서 거룩한 곳으로 이해할 수 있다(출 28-29장, 레 8장).

모로의 그림 속 모세는 이제 약속의 땅에 들어가지 못하고 죽음을 맞이할 것을 알고서 다시 그의 발에서 신을 벗는다. 누가 시킨 것은 아니다. 하지만 그가 바라보는 약속의 땅 앞에서 자신이 거룩함을 대면했을 때처럼 동일한 행동에 마음을 담아, 모세는 처음처럼 그렇게 자신의 생애 마지막을 마무리하고 싶었나 보다. 모세는 비스가산 꼭대기에 올라 그의 얼굴을 '젖과 꿀이 흐르는 약속의 땅' 가나안으로 향하였다.

젖과 꿀은 유목민의 음식물에 해당하며, 따라서 '젖과 꿀이 흐르는 땅'이라는 표현은 유목민들의 이상향에 해당하는 내용을 담고 있다. 하지만 그가 바라보는 땅은 실재함에도 불구하고 미완으로 끝나는 소명 속의 땅이며, 모세에게는 결코 현실이 될 수 없는 땅이었다.

문자 그대로 가나안 땅은 모세에게 '이상향'인 동시에 '어디에도 없는 장소'라는 뜻의 '유토피아'(Utopia)였다. 이루어질 수 없는 꿈은 슬픔이다. 그로 인한 슬픔이 모세의 얼굴에 그려졌다. 그 땅을 바라보며 신을 벗는 행동은 이제 자신이 받았던 약속과 소명을 하나님 앞에 내려놓음을 뜻한다. 이 사명과 약속마저도 더 이상 모세 자신이 집착해야 할 대상이 아니라 하나님께 다시 돌려 드려야 하는 것이다. 그의 마지막이 시작과 동일함은 모세 자신의 끝이 하나님 안에서는 새로운 시작이 될 수 있으며, 그가 역사의 뒤안길로 사라짐으로 새로운 이스라엘 자손의 가나안 시대가 하나님에 의해 자유롭게 시작됨을 말하고 있는 것이다. 역사가 모세의 것이 아닌 것처럼 모든 시작과 끝도 모세의 것이 아니라 하나님의 것이다.

광야시대에 대한 모세의 재해석

그의 소명이 시작되던 시기에 호렙산에서 경험했던 일들 가운데 하나는 그의 지팡이가 뱀이 되는 사건이었다. 하나님은 자신의 소명에 관하여 문제를 제기하던 모세에게 그 증거로 그의 지팡이가 뱀이 되게 하셨다. 그 때 하나님은 모세에게 다시 뱀의 꼬리를 잡게 하셨다. 뱀을 잡는 사람은 뱀의 꼬리를 잡지 않는다. 왜냐하면 뱀은 뒤돌아서 그 꼬리를 잡은 사람을 공격할 수 있기 때문이다. 그러나 하나님의 지시대로 모세는 머리 대신에 뱀 꼬리를 잡았으며, 그 때 뱀은 다시 지팡이가 되었다. 이 일을 통하여 하나님은 소명의 증거만이 아니라, 모세에게 '사고의 전환'을 훈련하도록 하셨던 것으로 보인다.

지도자에게는 때로 누구도 생각지 못한 것을 생각하고 볼 줄 아는 '역발상'(逆發想)이 필요할 때가 있기 때문이다. 이로부터 40년이 지난 후에 모세가 해석했던 광야시대의 의미에 관한 이야기 가운데서, 우리는 이러한 생각의 전환을 만날 수 있다. 지도자로서 모세가 남긴 위대한 업적 가운데 하나는 자신과 이스라엘 백성이 경험했던 역사의 의미를 재해석한 일이었다. 모세와 출애굽 첫 번째 세대는 하나님의 명령에 따라 가나안 정복 전쟁을 위한 군사 체제로 조직 정비를 끝마치고 이스라엘 자손들은 가나안 진입 직전의 상황까지 이르렀으나, 각 지파별 지도자 열두 명의 가나안 땅 정탐 사건 이후에 모든 것은 물거품이 되고 말았다.

출애굽 첫 세대에 속한 이스라엘 사람들은 가나안 땅을 정탐한 12명의 정탐꾼들 가운데 10명의 부정적인 보고를 듣고 나서 불평과 원망의 목소리를 쏟아내었다. 여호수아와 갈렙을 제외한 열 사람의 지도자들이 땅을 악평하였으며 백성들도 여기에 동참하였다. 하나님을 원망하고 모세 대신에 새로운 지도자를 세워 이집트로 돌아갈 것을 주장하였다. 그 결과는 출애굽 첫 세대 전멸이라는, 민족 전체에 대한 '사형선고'와 같은, 하나님의 심판으로 돌아왔다. 이들의 언행은 하나님께 불신앙과 신성모독의 행위들로 받아들여졌으며, 하나님은 출애굽 첫 세대에 속한 사람들을 향하여 가나안 진입 불가라는 심판을 선언하셨다.

이로써 출애굽 했던 이스라엘 민족 전체는 사형수들이 되었고, 그런 처지의 민족을 이끌고 광야에서 살아가야하는 책임은 여전히 모세에게 주어졌다. 과연 사형수들을 통제하고 관리할 수 있는 방법은 현실의 삶 속에서 몇 가지나 존재할까? 이후에 기록된 역사는 하나님을 향한 백성의 원망과 불평, 하나님의 진노하심과 심판, 백성들의 회개와 간구, 모세를 통한 하나님의 구원의 유형을 반복하는 구조로 전개되었다. 여기서 공통적으로 보여주는 이스라엘 자손들의 의사소통 방식은 '원망과 불평'이다. 이스라엘 백성들은 소통할 줄 모르는 사람이었으며, 결국 대화와 소통의 단절은 개인과 공동체의 심판사건으로 연결되었다. 40년 광야 유랑과 죽음을 선고받은 이스라엘의 지도자로서 모세가 겪었던 힘겨운 경험들과 정신적 고통과 영적인 상처는 우리의 상상을 초월하는 것들이었다. 모세는 출애굽 했던 당대의 사람들에게 그렇게 인기를 얻지 못하였고, 그의 카리스마는 호소력을 갖지도 못했던 것으로 보인다. 시시때때로 자신을 향해 울분과 적개심을 드러내는 군중을 이끌고 광야라는 척박한 땅에서 생존을 위한 투쟁을 진행시켜간 모세의 가슴 속은 아마도 숯이 되었을 것이다. 그러나 모세는 마침내 모압평지에 도달했다. 새롭게 가나안 진입을 앞둔 시점과 장소에서 출애굽 두 번째 세대의 이스라엘 자손들에게 모세는 지나간 역사의 의미를 재해석해 주었다.

광야시대는 하나님께서 이스라엘을 낮추고, 시험하신 훈련의 기간이었으며, 그 목적은 이스라엘 자손들의 행복을 위한 것이었다(신 8:16). 또한, 사람이 살아가는 것은 물질이 아닌 하나님과의 관계 속에서 나오는 하나님의 말씀으로 이루어지는 것임을 알리려는 하나님의 뜻이 있는 역사였다(신 8:1-3). 모세의 해석을 통해 광야시대는 실패와 절망의 의미만을 갖는 것이 아니라 하나님 안에서 새로운 의미의 기름부음을 받은 사건이 되었다. 그의 해석은 오랜 세월이 지난 후에 주전 8세기 이후의 예언자들 가운데 특별히 호세아와 예레미야의 메시지 가운데 다시 등장하였다.

호세아는 출애굽 사건과 광야시대를 구원의 역사로 파악하였고(호 2:14-20), 예레미야는 광야 시대를 하나님과 이스라엘 민족 사이의 첫사랑의 때로 묘사하기도 했다(렘 2:2). 신명기에서 보여주는 모세의 해석은 후대의 예언자들에게 영감을 불러일으키기도 했음을 보여주는 단적인 예들이다. 자신의 역사를 모르는 공동체는 마치 기억상실증에 걸린 사람이 자신이 누구이며 어디에서 왔고 어디로 가야할지를 모르는 것처럼, 자신의 정체성과 미래의 방향성을 상실한 채로 혼란과 방황 가운데 살아갈 수밖에 없다. 그러나 자기 백성을 끝까지 사랑하며 그들과 함께 동행한 지도자 모세는 그 광야에서 하나님의 말씀과 역사를 기록해갔으며, 광야시대라는 지나간 역사의 의미를 재해석하여 새로운 세대에게 선물로 주었다.

뜻을 모르는 고난은 실패와 절망이 될 수 있으나 그 고난 가운데서 하나님의 뜻을 찾을 수 있다면 그 고난은 하늘과 땅이 소통할 수 있는 길이 될 수 있기 때문이다. 모세도 그가 경험했던 광야시대를 다른 이들처럼 실패의 역사로 단정 지을 수 있었다(시 106:1-33, 행 13:18, 고전 10:5, 히 3:17). 그랬다면 그것은 단순하게 뱀의 머리를 붙잡는 행동과 같은 일이 될 수 있었을 것이다. 그러나 그는 광야시대를 바라보는 시각을 달리했으며 누구나 말할 수 있는 일반적인 생각 대신에 '사고의 전환'을 시도했다. 광야시대를 하나님의 사랑과 구원의 의지가 담겨 있던 역사로 해석한 것은 모세의 '역발상'이었다. 이로서 모세는 처음처럼 뱀의 꼬리를 잡은 셈이다.

신뢰에서 비롯되는 참 자유

만약 이 작품이 완성됐다면 그림 속 모세는 어떤 색체를 띠었을까 궁금하다. 하지만, 현재의 미완성 작품 속 모세로 충분할 수도 있다는 생각이 든다. 슬픔 가득한 얼굴로 약속의 땅을 바라보며 지팡이를 품에 안은 채 신을 풀어서 벗고 있는 미완성 작품 속의 모세는 그 모습 그대로 이미 우리에게 많은 이야기를 들려줄 수 있기 때문이다. 그의 마지막이 그의 처음과 너무나 닮아 있다는 점에서 모세의 마지막과 하나님의 새로운 시작이라는 상징성을 동시에 발견할 수 있다. 하지만 여전히 모세의 그림은 완성되지 않은 채 남아 있다. 마치 동양화에 나타나는 '여백의 미'를 간직한 그림처럼 보인다.

우리 시대의 많은 지도자들의 모습 속에서, 때로는 책임감이 지나쳐 당대에 모든 꿈과 이상을 완성하고자 무리수를 두는 이들을 만나게 될 때가 있다. 또는 부모들의 모습 가운데 자녀의 인생을 틈새 없는 유화를 그려가듯이 본인의 계획에 맞추기 위해 도를 넘어선 강요를 하는 이들을 보게 될 때도 있다. 그러나 말도 행동도 계획도 자신의 만족을 위한 욕심이 될 때, 무리한 완성은 결국 나 자신과 다른 이들의 불행이 될 수도 있다. 완성만이 최선이 아닌 경우들이 있다. 모세의 생애를 바라볼 때, 아쉬움 속에서 발견하게 되는 진리는 '여백의 미'와도 같다. 최선의 노력은 하되 결과는 하나님께 맡김으로 그 결과에 얽매이지 않는 자유를 배울 수 있다.

'약속의 땅'으로의 진입이라는 사명은 모세를 통해 성취되지 못했으며, 모로가 의도했든지 혹은 의도하지 않았든지 이 미완의 사명은 그의 미완성 작품에 그대로 투영되어 있다. 그 상징성과 해석의 가능성은 현재와 미래를 향해 열려져 있으며, 이로써 모로의 모세는 언제나 이 그림을 보는 이들의 상상력을 자극하며 성경 본문 해석의 넓고 깊은 세계로 우리를 초대한다.

모세와 엘리야와 예수 그리스도

라파엘로(Sanzio Raffaello, 1483-1520), 〈그리스도의 변모〉(The Transfiguration), 1518-1520, tempera grassa on wood, 403.86×279.40cm, Pinacoteca Apostolica, Vatican, Rome.

미완으로 남았던 작품

라파엘로(Sanzio Raffaello, 1483-1520)의 생애 마지막 작품인 〈그리스도의 변모〉는 원래 그림의 상단부 만을 그려 놓고 라파엘로가 37세의 젊은 나이로 갑자기 요절한 후에, 하단부는 그의 제자 줄리아 로마노가 밑그림을 보고 완성한 것이다. 아마도 라파엘로의 밑그림이 없었다면 이 그림은 영원히 미완성작으로 남겨졌을지도 모를 일이다. 그림의 상층부는 모세와 엘리야와 예수가 그려졌고, 그 아래에 예수와 함께 산에 올랐던 세 사람의 제자 베드로와 야고보와 요한이 대칭을 이루고 있으며, 하단부에는 간질병에 걸렸던 아이를 제자들이 고치지 못하여 동요하는 모습이 매우 생동감 있게 묘사되어 있다.

그 와중에 몇몇 제자들이 가리킨 손들의 방향이 예수를 향하고 있는 점과 전체 구도가 S자의 동적인 형태를 이루고 있는 점이 매우 인상적이다. 라파엘로의 그림에서 신약의 예수님이 피어난 꽃이었다고 한다면, 그 줄기는 엘리야로 이어지고, 그 뿌리는 모세에게까지 맞닿아 있었던 것이다. 인류를 향한 하나님의 구원 의지와 역사는 수천 년의 세월을 간직한 신비이며 동시에 기적임을 공관복음서의 저자들은 '그리스도의 변모' 사건을 통하여 증언하고자 하였다. 라파엘로 역시 그 본문을 그대로 반영하여 그림을 그려나갔다. 모세의 눈길과 엘리야의 눈길이 예수 그리스도를 향하도록 하였으며, 그들의 중심과 위쪽에 예수 그리스도를 배치한 삼각형의 구도를 통해 모든 것의 정점이 누구인지를 보여주었다.

그림의 배경이 된 변화산상의 예수 그리스도 이야기는 공관복음서에서 공통으로 언급되었던 점으로 보아 당시 신약의 저자들에게도 매우 인상 깊게 각인되었던 사건이었을 것이라는 생각이 든다(마 17:1-20, 막 9:2-29, 눅 9:28-43). 제자들 가운데 베드로와 야고보와 요한이 함께 올라갔다가 이 사건을 목격한 곳을 사람들은 다볼산으로 추정하기도 하지만, 정확하게 어디였는지 성경에는 언급되어 있지 않으며, 사건들의 시간과 세부적인 내용에서는 공관복음서 상호간에 소소한 차이를 보이기도 한다. 예를 들어 누가복음은 이튿날 예수께서 산에서 내려오셨다고 언급하였으며, 귀신들렸던 아이를 예수께서 고치신 사건을 하나님의 위엄에 관한 언급으로 마무리 한다.

마가복음은 기도에 관한 교훈으로, 반면에 마태복음은 믿음에 관한 가르침으로 끝맺고 있다. 그러나 제자들이 산 정상에서 목격했던 사건들에 관한 기록에서는 정확하게 일치하고 있다. 그들이 보았던 인물들은 분명히 선지자 엘리야였으며, 하나님의 사람 모세였다.

모세, 엘리야, 예수의 시공을 초월한 만남

모세는 그림의 왼편 하늘에서 십계명 돌 판을 들고 서 있는 사람으로 묘사되어 있으며, 그 상대편의 인물은 당연히 엘리야였다. 공관복음서에서는 제자들이 예수 그리스도의 변모를 목격했을 때, 그들을 둘러쌓던 구름 속에서 들려온 하늘의 소리에 관해서도 기록하고 있다. "내 아들"이라는 말과 "너희는 저의 말을 들으라"라는 명령이었다.

마태복음은 그 말들 사이에 '기뻐하는 자'라는 표현을 덧붙였고, 마가복음에는 아무 기록이 없으며, 누가복음은 '택함을 받은 자'라는 말을 기록하였다. 공관복음서는 이처럼 한 사건을 기록함에 있어서 세 책의 저자가 조금씩 다르게 서술한 내용들을 그대로 수록하였다. 이것은 그림을 그릴 때 한 사물을 바라보는 각도와 빛의 방향과 화가가 누구인가에 따라 동일한 대상의 다른 면들이 조금씩 다른 느낌으로 지면에 표현되는 것처럼, 저자가 달랐던 공관복음서에서도 그러한 결과들이 나타난 것으로 이해할 수 있다. 공관복음서에는 그러한 차이점들에도 불구하고 동일하게 언급하고 있는 내용이 있다.

어느 날 밤 예수님의 제자들 가운데 세 사람이 어떤 산 정상에 올랐을 때, 예수님의 얼굴이 해처럼 빛나고, 그의 옷은 하얗게 변화되었으며, 엘리야와 모세와 더불어 말씀을 나누셨고, 제자들은 하늘에서 들려오는 하나님의 목소리를 들었다는 것이다. 이 공통된 사건은 세 이야기의 원형에 해당한다. 구약의 출애굽과 광야 시대에 살았던 모세와 분열왕국 시대에 북이스라엘의 아합 왕 통치시기에 살았던 엘리야와 신약에 기록된 주후 1세기 로마 식민 통치 시대에 살았던 예수님 사이의 시대적 차이는 너무도 큰 것이었다. 그럼에도 불구하고 시간과 공간상의 그 큰 벽을 훌쩍 뛰어넘어 모세와 엘리야는 예수님과 더불어 대화하였다(마 17:3).

무엇이 그들의 대화를 가능케 할 수 있었던 것일까?

산 정상, 하나님의 목소리, 얼굴의 광채... 등의 요소들은 모세와 엘리야와 예수님에게서 찾을 수 있는 공통분모에 해당한다. 모세는 시내산 정상에 올라 40주야를 금식하며, 십계명과 율법을 받았고, 하나님의 목소리를 들었으며, 그 일 이후에 그의 얼굴에는 광채가 있었다(출 19-24장, 34:29-35), 엘리야도 호렙산까지 40주야를 이동하여 그 산에 이르러 하나님의 세미한 소리를 들었다(왕상 19장), 예수님은 공생애 직전 40주야의 금식과 변화산상에서의 변모와 하나님의 목소리를 듣는 경험을 하였다. 출애굽한 이스라엘 공동체에게 율법을 전달했던 모세처럼, 예수님은 산상수훈을 통해 그를 따르던 제자들에게 새로운 율법을 전달하였으며(마 5-7장), 그의 모든 가르침과 새로운 율법은 '사랑'의 계명 속에 요약되었다(요 13:34).

시간상으로 모세와 예수 그리스도 사이에는 엘리야가 위치해 있다. 엘리야는 구약시대에 '제2의 모세'로 인식되었던 인물이었다. 그의 활동과 사역의 유형들은 모세의 사역과 매우 밀접한 유사성을 갖고 있다. 북 이스라엘의 종교적이며 신앙적인 암흑기에 엘리야는 역사 속에 갑자기 등장하여 하나님의 이적과 기사를 베풀며 정치 지도자들에게 대항하면서 하나님의 백성들에게 희망의 상징으로 떠올랐다. 마치 모세가 우상을 섬기던 이집트의 파라오 앞에서 담대하게 하나님의 역사를 나타내며 구원의 역사를 펼쳐가던 모습처럼 엘리야는 아합 왕과 왕비 이세벨 앞에서 하나님의 사람으로 활약하였다.

어쩌면 야웨 신앙이 시들어가고, 고통과 절망 가운데 생존의 희망마저도 잃어가던 시대에 사람들이 가장 갈망했던 인물은 모세와 같이 구원을 가져올 지도자였을지도 모른다. 그 소원과 바람이 엘리야에게 투영되었고, 열왕기를 기록했던 역사가의 묘사에서 모세의 사건 유형들이 그대로 반영될 수 있었을 것이다. 하지만 엘리야 시대에 하나님에 대한 새로운 이해가 등장하였다. 모세가 시내산에서 경험했던 하나님은 우뢰와 번개와 구름과 지진과 같이 사람들이 감당할 수 없을 만큼의 초자연적 능력과 위엄을 나타내시는 강력한 모습의 하나님이었다면(출 19), 엘리야가 호렙산에서 경험했던 하나님은 바람 가운데, 지진 가운데, 불 가운데서도 만날 수 없었고, 오직 세미한 소리로 그를 만나주셨던 하나님이었다(왕상 19).

그 당시 북왕국 이스라엘은 아합 왕과 왕비 이세벨의 바알 숭배와 야웨 종교 탄압 정책에 의해 고통의 시절을 보내고 있었다. 이스라엘의 고유한 종교와 신앙은 탄압과 학살의 이유가 되었으며, 그 땅에서 하나님을 섬기는 예배와 신앙인들이 사라져 가는 현실을 경험하면서 백성들은 하나님의 살아계심을 의심하는 지경에까지 이르기도 하였다. 그 때 혜성처럼 나타났던 지도자 엘리야는 북이스라엘이 하나님께 버림받은 땅이 아니며, 이스라엘의 하나님은 죽은 신이 아니라 살아계신 하나님임을 엘리야 자신의 존재로서 증거하였다. 그리고 하나님은 이방종교와 같이 자연현상과 동일시되는 신이 아니라 '말씀'(세미한 소리)으로 자신을 계시하는 분이심을 나타내셨다.

비록 현실에서 미약하고 세미한 소리처럼 보일지라도, 바로 그 하나님이 북이스라엘의 새로운 지도자 예후를 왕으로 준비하고, 이웃나라 아람의 하사엘을 차기 통치자로 예비하며, 엘리야의 후계자 엘리사를 지명함으로써 하나님은 보이지 않지만 세상 역사를 이끌어 가시는 절대적 주권자임을 선포하였다(왕상 19장). 신약시대에 이르러 예수님을 통해 또다시 하나님에 대한 이해의 변화가 이루어졌다. 예수님은 이 변화산상에서 하나님과 자신의 관계를 아들과 아버지의 관계로 확인시켜 주셨고, 주기도문을 통하여서는 우리와 하나님의 관계를 아버지와 자녀의 관계로 가르쳐 주셨다. 이로써 예수님은 하나님에 대한 전혀 다른 이해를 제시하신 셈이다.

바로 '아버지'로서 하나님에 대한 새로운 신관을 제시한

이가 예수 그리스도였다.

  모세는 율법을 통해 하나님의 뜻과 말씀을 세상에 전하였고, 출애굽의 사건들과 그 과정들 가운데서 새로운 구원의 역사를 창조해 가시는 하나님을 선포하고 증언하였다. 구약시대에 등장했던 제2의 모세와 같은 인물 엘리야도 희망의 불빛마저 이미 꺼져버린 듯한 북 이스라엘의 암흑시대에 홀로 구원의 횃불을 들고 일어나 하나님의 구원하심과 살아계심을 증거하며 살았다. 그러나 그들은 이 세상에서 하나님의 백성들과 영원히 함께 살아갈 수 있는 지도자들이 될 수 없었다. 그 이후에 예언자들을 통하여 주어진 메시야의 약속이 있었고, 바벨론 포로시대와 페르시야 제국과 그리이스 제국과 로마 제국의 식민 통치를 경험하면서도 수백 년 세월 동안 이스라엘 땅의 유대인들은 '메시야'를 기다렸다.

  신약의 공관복음서는 그 '메시야'가 바로 예수이며, 예수는 '그리스도'라고 증언하였다.[9] 예수 그리스도는 구약 전체를 하나님 사랑과 이웃 사랑으로 요약할 수 있다고 가르쳤다. 이 구조는 하나님께서 모세에게 전해 주셨던 십계명 안에 반영되어 있는 형태이기도 하다. 십계명의 첫 네 계명은 하나님과 인간의 관계에 관한 규정이며, 다섯째에서 열 번째까지의 계명은 사람과 사람의 관계에 관한 규정이다. 요약하면 하나님 사랑과 사람 사랑에 대한 명령으로 정리할 수 있다. 십계명 안에 반영되어 있는 동시에 예수님의 두 가지 가르침에 들어 있는 이 계명들은 본래 모세가 기록한 율법의 인용문이었다. "네 이웃을 네 몸과 같이 사랑하라"는 말씀은 레위기 19장 2절의 명령이며, "하나님을 사랑하라"는 말씀은 신명기 6장 5절의 명령이다.

구약과 신약이 소통했던 변화산상의 사건

변화산상의 사건에 관한 공관복음서의 기록에 따르면 제자들은 다시 눈을 들어 자기들 앞에 나타났던 인물들을 바라보려했지만 오직 예수 외에는 아무도 보이지 않았다. 라파엘로에게 있어서 모세는 그림의 주인공이 아니었으며, 공관복음서의 묘사에서도 주인공은 모세가 아니었다. 모든 것은 그리스도이신 예수를 향하였다. 하지만 예수의 가르침은 다시 엘리야의 교훈과 모세의 율법과 연결되어 있다. 엘리야는 지상에서 사라졌고, 모세의 생애는 비스가산 위에서 끝이 났지만, 그들을 통해 전달되었던 율법과 가르침의 본질은 예수의 말씀들을 통해 새로운 시작을 맞이하였다. 변화산상에서 모세와 엘리야와 예수님의 만남은 시공간 상의 제약과 벽을 넘은 대화와 소통의 모습을 보여주고 있다.

대화와 소통은 언제나 끝이 아닌 시작의 얼굴이다. 반대로 단절과 폐쇄는 항상 종말의 뒷모습만을 보여줄 따름이다. 새로운 시대의 희망은 소통의 자리에서 비로소 고개를 수 있으며, 대화가 있는 곳에서 세대의 벽과 사상의 벽과 인종의 벽이 허물어짐을 경험할 수 있다. 변화산상에서 있었던 사건은 구약을 상징하는 모세와 엘리야가 예수 그리스도와 더불어 대화하였음을 기록하였다. 이로써 구약의 옛 시대는 예수 그리스도로 말미암아 시작된 신약의 새로운 시대와 소통하고 있다는 사실을 보여주었다. 그런 의미에서 라파엘로의 그림 속 예수그리스도와 엘리야와 모세는 삼각형의 구도보다는 동그라미의 보이지 않는 구도 속에 놓여 있다는 생각이 든다. 동그라미의 구도 안에서 끝은 다시 시작으로 연결될 수 있다.

많은 지도자들이 수많은 일들을 하고, 위대한 업적을 남기기 위해 수고를 아끼지 않는다. 그러나 그 업적은 자신의 이름을 위한 것인지, 진정으로 사람을 위한 것이지 생각해야만 한다. 예수께서는 언젠가 종교지도자들과 벌였던 안식일 논

쟁에서 사람이 안식일을 위해 존재하는 것이 아니라, 안식일이 사람을 위해 있는 것임을 말씀하신 일이 있었다. 그 시대의 유대인 종교지도자들은, 자신들의 전통과 권리와 이익만을 위해 주장하는 사람들이 아니라 사람의 행복을 위해 주어졌던 모세 율법의 정신과 본질을 그 시대가 알아들을 수 있는 목소리로 해석해 주어야할 책임이 있는 사람들이었다. 지도자들은 또한 때와 시대에 대한 분별과 해석을 제시해 주어야할 사람들이기도 했다(마 16:3).

예수께서는 당시의 종교지도자들이 자신의 본질적인 사명을 감당치 않음으로 인하여 백성들은 목자 없는 양처럼 고생하며 지친 모습으로 살아가고 있다고 생각하셨고(마 9:36), 엘리야처럼, 모세처럼 하나님의 본래 말씀과 뜻을 세상에 전하고자 애쓰셨다는 사실을 공관복음서에서는 이야기하고 있다. 어떠한 사명도 본질이 퇴색되고 비본질이 주인이 될 때 모두를 혼란 가운데로 몰고 갈 수 있다. 지도자가 자신의 사명을 망각하고 그 끈을 놓쳐버리면 그 사명도 그 지도자를 버리고 돌아서 버릴 수 있다. 그러므로 지도자의 중요한 역할은 사람들이 한 사람을 바라보도록 하는 것이 아니라, 본질이 무엇인지 분별하고 그것을 바라보며 스스로의 힘을 길러 나아갈 수 있도록 하는 일이다.

  구약은 모세를 미화시키거나 신격화 시키지 않았으며, 약속의 땅 가나안에 들어가지 못한 그의 최후를 통해 모든 사람이 하나님께 집중하도록 한다. 이로써 이스라엘을 구원하고 약속의 땅으로 인도한 분은 사람 모세가 아닌 하나님이셨음을 알게 한다. 라파엘로가 그렸던 그림 속 인물들의 모습과 눈길을 바라보며 우리는 무엇을 위해 살아야하고, 어디를 향해 가야할 지에 관한 문제를 다시 한 번 물을 수 있다. 라파엘로의 그림 속 모세는 그가 바라보는 방향이 어디인가를 보여주고 있으며, 모세가 보여주었던 그의 삶의 여정 또한 그의 모든 것은 지도자였던 자신이 아니라 하나님을 향한 것임을 말해 주었다.

  이제 구약의 인물들은 더 이상 현실 세계에 없다. 그러나 구약의 이야기들은 여전히 생명력을 가지고, 그 책과 만나는 사람들에게 대화를 시도한다. 구약과 대화를 시작하는 일은 참으로 많은 가능성들과, 다양한 세계와 소통하는 길을 열어줄 수 있다. 구약과 작품들 가운데 담겨 있던 모세 이야기는 이 대화를 시작하기 위해 걸음을 내딛는 이들에게 길 안내자로서 역할을 할 수 있을 것이다.

소통과 공감의 지도력

소통과 공감의 지도력

모를라이테르(Giovan Maria Morlaiter, 1699-1781), 〈모세〉(Moses), 1748-50, Marble 1730, Height: 115cm, Santa Maria del Rosario(Gesuati), Venice.

실천과 삶으로 말했던 사람

로코코[10] 미술의 대표적 조각가 모를라이테르(Giovan Maria Morlaiter, 1699-1781)가 조각한 〈모세〉(Moses, 1748-50)는 장식성과 화려함의 특징을 보여주었던 미술 사조의 영향을 그대로 반영한 듯하다. 모세가 들고 있는 지팡이는 더 이상 투박한 목자의 지팡이가 아니라 가볍고 세련된 지휘봉처럼 보인다. 그가 걸치고 있는 겉옷의 주름마저도 더 이상은 척박한 광야시대에 어울리지 않을 것처럼 화려하게 휘날리고 있다.

시대의 풍조에 따라 변형된 겉모습에도 불구하고 이 인물상에게서 느끼게 되는 무게감은 쉽게 지나칠 수가 없다. 왜냐하면 이 사람이 바로 모세이기 때문이다. 그의 존재감은 무엇으로도 퇴색시키거나, 감소시키기 어렵다. 모세상의 왼손에 들려있는 십계명은 율법으로 주어진 하나님의 말씀을 상징하며, 하나님의 말씀은 모세를 통하여 이스라엘 민족과 인류 전체에게로 전달되었다. 지도자 모세는 자신의 말 대신에 하나님의 말씀을 전달하였으며, 말만 잘하는 유창함 대신에 하늘의 뜻을 알고 평생에 걸쳐 그것을 실천함으로써, 그에게 위임된 사람들을 위한 일상의 삶을 그들과 더불어 살았던 사람이다.

공감

세월이 지나면서 존경받던 지도자들이 하나, 둘씩 세상을 떠났다. 그들의 빈자리가 너무 커서 햇볕 아래 있으면서도 가슴이 시려오는 느낌들을 부정할 수 없다. 사람들은 어른들의 떠남을 보면서 아쉬움과 당황스러움을 금할 길 없어 한동안 방황하기도 한다. 그렇지만 모든 사람은 언젠가 떠나고 또 새로운 사람이 그 자리에 서 있게 되는 것이 순리이며 세상의 이치이기에 그 흐름에 몸을 맡기고 따라갈 수밖에 없다. 요즈음 사회 여러 곳에서 지도자들의 세대교체가 일어나는 과정을 보면서 떠남의 뒷모습들이 참으로 다양하다는 생각을 해보았다.

어떤 이는 깨끗하고 깔끔하게 마무리하여 그 다음 뒤를 이어가는 사람이 새롭게 시작할 수 있도록 배려하고 떠나기도 하고, 어떤 이는 여전히 남아 있는 미련과 책임감 때문에 떠난 것도 아니고 떠나지 않은 것도 아닌 모습으로 마무리하기도 한다. 또 어떤 이는 말로는 떠났다고 하지만 실상은 떠나지 않는 이도 있다. 그 떠남의 모습과 흔적이 다양한 만큼, 그 뒤에 남는 여파의 양상도 참으로 다양하게 나타나고 있다. 그렇지만 한 공동체에 큰 영향을 끼치고 향기와 같은 발자취를 남기고 떠난 이들의 흔적을 살펴보면서 공통적으로 느끼고 발견하게 되는 점 한 가지는 '공감'의 능력이었다.

예수께서 우는 이들과 함께 울고 기뻐하는 이들과 함께 기뻐하라고 해주셨던 말씀도, 사도 바울이 가난에도 처하고 풍부에도 처할 줄 알았다고 했던 그 말도, 어찌 보면 하나님의 사람으로 부름 받은 이들이 다른 사람과 공감하면서 살아가야한다고 가르치신 말씀들일 수 있다. 자기와 함께 살아가는 사람들의 아픔과 기쁨과 어려움과 행복이 무엇인지 알고 함께 느낄 수 있을 때 비로소 지도자는 사람들과 제대로 소통할 수 있다. 그렇게 하려면 사람들의 형편을 부지런히 살피고 먼저 생각하며, 때로는 다른 이들이 보지 못하는 것을 꿰뚫어 보고 사고의 전환을 해야만 하는 일들이 있다. 그러한 지도력의 모습들을 '토라'(율법서)에 기록된 모세의 모습과 삶 속에서 만날 수 있었다.

소통

 모세는 하나님의 마음을 공감하는 능력이 뛰어났던 지도자라고 생각한다. 하나님께서 친구처럼 여기며 함께 이야기를 나누실 만큼, 그는 하나님의 마음을 헤아리며, 하나님의 마음을 품고 사람들을 대할 줄 아는 사람이었다. 그는 동시에 사람들의 마음을 공감하고 그들과 세대를 넘어 소통할 줄 아는 사람이었다. 40년을 그들과 동고동락(同苦同樂)하며 하나님께서 약속해 주신 가나안 땅으로 이스라엘 자손들을 인도하였다. 그러나 그는 미련과 아쉬움을 뒤로하고 마침내 하나님의 말씀에 순종하며, 자신의 시신도 남기지 아니하고, 세상을 떠났다. 객관적인 시각으로 보면, 완성하지 못한 목표, 갈등이 많았던 지도자 생활, 가난했던 생활환경... 그의 삶의 흔적들은 성공과는 거리가 있어 보이는 점들이 너무 많다. 그러나 하나님은 그를 통해 하나님의 말씀을 세상에 남기셨다.

 모세의 지도력을 한마디로 요약한다면, 그것은 소통의 지도력이었다. 이 소통의 지도력은 공감하는 능력으로부터 나온 것이라고 생각한다. 하나님의 마음을 공감하고, 사람들의 마음을 공감하며, 모든 피조물들의 형편을 하나님처럼 헤아릴 줄 알았던 지도자가 모세였다. 그런 지도자를 만난 사람들은 가난해도 행복할 수 있다. 왜냐하면 내 마음을 조금이라도 헤아려 주는 그런 사람과는 함께 살아갈 수 있기 때문이다. 다른 이들은 내 존재의 가치를 인정해 주지 않아도 그를 만나면, 최소한 내가 존중받고 있음을 느낄 수 있기 때문이다.

세상을 살아가다보면 불의와 부정으로 인해 눈물을 흘리게 될 때도 있지만, 그를 만나면 공정하게 나를 대하고 있음을 알 수 있기 때문이다. 교회와 세상 안에 사람을 정성스럽고 진실한 마음으로 대할 줄 아는 그런 지도자들이 더 많아지고, 그로 인해 이 땅 위에서 태어나고, 자라나고, 살아가며, 생을 마감하는 사람들이 행복하다고 느낄 수 있는 세상이 되기를 주님 앞에서 간구함으로 기도드린다. 오늘도 그런 세상을 꿈꾼다. 그런 지도자를 기억하고 또 생각한다.

각주 · 참고자료

각주

1) R. Knierim, "The Composition of the Pentateuch," *SBL* 1985 Seminar Paper, 393-415.

2) 프리즘은 빛을 굴절, 분산 시킬 때 사용하는 광학 부품이며, 스펙트럼은 빛이 분광기로 분해되었을 때의 성분이다.

3) 원 제목은 '율법의 서판을 받는 모세'이지만 이해를 돕기 위해 이 책에서는 '십계명 두 돌판을 받는 모세'로 작품명을 달리 번역하였다.

4) Romano Guardini, Von Heiligen Zeichen, 장익 옮김, 『거룩한 표징』(왜관: 분도출판사, 1990), 17. 구아르디니는 이탈리아에서 태어나 독일에서 활동했던 가톨릭 신학자이다.

5) 이탈리아어 '키아로'(chiaro, 빛)와 '오스쿠로'(oscuro, 어둠)의 합성어 기아로스쿠로는 '명암법'을 의미하며, 이 화법의 기수였던 카라바죠(Caravaggio)의 그림이 유럽에서 유행하면서, 루벤스, 푸생, 렘브란트 등이 그의 그림의 영향을 받은 것으로 보인다. 서성록, 『렘브란트의 거룩한 상상력』(서울: 예영커뮤니케이션, 2007), 18-50.

6) 나일강이 피로 변한 첫 번째 재앙은 나일강의 신 크눔과 연관될 수 있으며, 둘째 개구리 재앙은 개구리 형상의 신인 헥트와 연관성을 가질 수 있다. 가축에 임한 재앙은 암소의 형상을 한 하톨과 풍요를 관장하는 신 아피스와 연결될 수 있고, 암흑은 태양신 라 와 연결될 수 있다. 마지막으로 이집트 땅에 내

렸던 재앙인 장자의 죽음은, 영화의 한 장면에서처럼 파라오의 아들이 포함되었음을 가정할 경우에 열 가지 재앙은 파라오와 그의 아들까지도 신으로 여겼던 개념과 함께 이집트 종교의 모든 상징성들이 하나님의 심판 아래 놓였음을 선언한 사건으로 볼 수 있다.

7) 샤갈전, [성서 메시지] 마르크 샤갈, 율법의 석판서를 받는 모세, Moïse recevant les Tables de la Loi (2010. 11. 24), 한주형의 블로그, 자료검색일 2011. 6. 20, 자료출처 http://blog.naver.com/PostView.nhn?blogId=artnouveau19&logNo=140118698273

8) 1973년 7월 7일 86세 생일에 국립마르크샤갈성서미술관 개관식에서. 배철현, 『창세기, 샤갈이 그림으로 말하다』(서울: 코바나컨텐츠, 2010), 18-19.

9) 기름부음 받은 자라는 뜻의 히브리어 메시아는 헬라어로 번역하면 그리스도이다.

10) 르네상스 시대 이후의 서구미술사조는 다음과 같이 요약 정리해볼 수 있다: 르네상스(1400-) - 바로크(1600-) - (신고전주의, 낭만주의)(1700-) - 로코코(1700-) - 사실주의(1800-) - 인상주의(1900년대 이후) - 상징주의 - 표현주의 - 입체주의...
Jason, H.W. *History of Art*, 『미술의 역사』(서울: 삼성출판사, 1977)

참고자료

강사문외 3인공저. 『구약성서개론』. 서울: 한국장로교출판사, 2000.

강성열. 『고대근동의 신화와 종교』. 파주: 살림출판사, 2006.

김득중. 『복음서 신학』. 서울: 컨콜디아사, 1985.

김이곤. 『고난의 신학』. 서울: 한국신학연구소, 1989.

김학철. 『렘브란트, 성서를 그리다: 렘브란트의 성서화 미학』. 서울: 대한기독교서회, 2010.

노세영, 박종수. 『고대근동의 역사와 종교』. 서울: 대한기독교서회, 2000.

목회와신학 편집부. 『민수기』 두란노 HOW 주석 vol. 4. 서울: 두란노아카데미, 2009.

목회와신학 편집부. 『출애굽기』 두란노 HOW 주석 vol. 2. 서울: 두란노아카데미, 2009.

배철현. 『창세기, 샤갈이 그림으로 말하다』. 서울 : 코바나컨텐츠, 2011.

서성록. 『렘브란트의 거룩한 상상력』. 서울: 예영커뮤니케이션, 2007.

성서와 함께 편집부. 『어서 가거라』 출애굽기 해설서. 서울: 성서와 함께, 1998.

장일선. 『구약신학의 주제』. 서울: 대한기독교출판사, 1982.

Bohm-Duchen M. *The Private Life of a Masterpiece*. 김현우 옮김. 『세계명화 비밀』. 서울: 생각의나무, 2008.

Bright, J. *A History of Israel*. 박문재 옮김. 『이스라엘역사』. 서울: 크리스챤다이제스트, 1981.

Freud, S. *Moses and Monotheism*. New York: Vintage Books. 1939.

Guardini, R. *Von Heiligen Zeichen*. 장익 옮김. 『거룩한 표징』. 왜관: 분도출판사, 1990.

Hughes, A. *Michelangelo*. 남경태 옮김. 『미켈란젤로』. 파주: 한길아트, 2003.

Janson, H. W. *History of Art*. 김윤주외 역. 『미술의 역사』. 서울: 삼성출판사, 1977.

Josephus. *Josephus, The Atiquities of the Jews (I)*. 김지찬 옮김. 『요세푸스』 I. 서울: 생명의말씀사, 1987.

King, R (foreword by). *Art*. New York: DK Publishing, 2008.

Knierim, R. "The Composition of the Pentateuch." *SBL* 1985 Seminar Paper. 393-415.

Magonet, J. *A Rabbi reads the Bible*. London: SCM Press, 2004.

Rolf, K. *Moise Le Pharaon*. 김영, 신미경 옮김. 『모세는 파라오였다』 서울: 이룸, 2003.

Wenham, G. J. *The Pentateuch, Exploring the Old Testament*, vol. 1. London: SPCK, 2003.